I fall livet ställs på ända
- om att se Gud i det omöjliga

Karin Karlsson

Samtliga foton är tagna av Karin Karlsson,

Förlag: BoD – Books on Demand, Stockholm, Sverige
Tryck: BoD – Books on Demand, Norderstedt, Tyskland
ISBN: 978-91-8057-766-3

Till dig som har den här boken i din hand

Det här är inte en bok för dig som vill ha tydliga, enkla, färdiga svar. Den är inte en manual för hur man hanterar livets svårigheter. Den är inte ett facit för livets stora frågor.

Den är en inbjudan till dig som fortfarande funderar, förundras och förvånas över livet. Till dig som ibland går vilse i livets labyrint, som snavar och gör dina kullerbyttor på livets väg men ändå vill fortsätta gå. En inbjudan att dela några av mina tankar och reflektioner, sådant som jag upptäckt i mötet med andra människor och med livet självt.

Den är en önskan att vi tillsammans ska ta sikte mot ljuset, att vi ska kunna se att det finns tro, hopp och kärlek omkring oss, att vi ska få lov att känna att vi inte är ensamma – inte ens när livet ställs på ända.

Tack för att jag får dela en stund av livet med dig.

/ Karin K

”Ty ingenting är omöjligt för Gud.”
Lukasevangeliet, kapitel 1, vers 37

Innehåll

Att inte låta döden få sista ordet
Allt som tynger dig är inte ditt att bära
Du är en av dem som skiner
Blytunga moln och en längtan efter att bli förstådd
Varför firar ni att en man blir dödad?
Vilka är hörnbitarna i livets pussel?
Kan man dö av brustet hjärta?
Hur blev ditt liv som det är?
Det handlar alltid om perspektiv
Ett liv värt att leva
Kan två sanningar rymmas i ett hjärta?
Har Gud tagit semester – några tankar om sorg, smärta och död
Livet är inte rättvist – klyscha eller sanning?
Snart är det jul igen – om sorg och sillsallad
Att gå utanför sin comfort zon
Tacksam för att jag är född i Sverige
Jag vill vara lite mer som en tussilago

Guds kärlek finns i minsta lilla skärva

Ibland går saker sönder. Vissa saker slits ut. Kanske för att vi är ovarsamma. Annat vittrar sönder långsamt, så långsamt att vi inte riktigt märker det förrän det är för sent att göra något åt det. En del saker går sönder med buller och brak, plötsligt och oväntat – kanske av misstag, kanske kastar vi dem ifrån oss när vi av en eller anledning fått nog. Andra gånger glömmer vi bort att underhålla och ta hand om våra saker. Om det får fortsätta tillräckligt länge går de till slut inte att rädda. Vissa saker går att laga eller pussla ihop igen medan andra är förlorade för alltid. Vissa saker är skönt att få göra sig av med eller byta ut, andra är oersättliga för oss.

Det gäller dock inte bara saker. Det kan också vara våra relationer, ja ibland kan det kännas som att faktiskt hela livet som går i småbitar. Det kan bero på att vi tappat bort en annan människa och vänskapen i alla vardagens måsten och borden. Det kan hända att någon känner sig sviken eller förd bakom ljuset. Förhållanden kan ta slut för att vi sårat varandra så mycket att vi inte längre kan mötas i det som finns kvar. Det finns trasiga familjer där vi inte förmått finnas för varandra eller ge varandra det utrymme var och en behövt för att må bra. Kanske visade det sig efter hand att vi ville olika saker och behövde gå åt olika håll på grund av det. Vi kan bli bortvalda eller vara den som väljer bort. Kanske är båda redo för något annat eller så står någon övergiven kvar. Kanske kommer någon annan emellan. Kanske finns det yttre omständigheter som går på tvärsen med det vi önskar och hoppas. Kanske kommer döden och tar någon ifrån oss. Kanske är uppbrottet lugnt och stillsamt, kanske är det bara kaos. Vissa gånger är det kanske bra för oss, andra gånger är vi otröstliga och förstår inte hur vi ska orka leva vidare. Ibland är det både och. Det händer också att en hittar tillbaka till en annan människa.

På ett ställe i bibeln skriver Paulus om hur vi människor ser på tillvaron som genom en gåtfull spegelbild, men att vi en gång ska kunna se varandra ansikte mot ansikte. Det är inte alltid så lätt att vara människa. Livet är både komplext och komplicerat. Det gäller både när vi ser på både oss själva och på andra. Det händer att vi speglar oss i varandra och varandras liv. Det kan hjälpa oss att förstå. När en relation går sönder, när någon försvinner ut ur våra liv är det som att något går sönder inom oss. Det blir en spricka i spegelbilden. Det kan göra att ljuset bryts på ett annat sätt och hjälpa oss att se på livet från ett nytt perspektiv, men blir det allt för många sprickor blir det svårare att se klart. Vill det sig riktigt illa kanske hela spegeln går sönder och det bara blir skärvor kvar. En hög med vassa skärvor som skär djupa sår i oss. Paulus fortsätter sin text med de välkända orden att störst av allt är kärleken. Därför väljer jag att trots allt tro på kärleken. Tro på att det går att upptäcka något av sig själv och sitt liv också i det trasiga. Tro på att Guds kärlek kan reflekteras i minsta lilla skärva. Jag väljer att tro, men vissa dagar är det nästan omöjligt att se och känna det.

"Ännu ser vi en gåtfull spegelbild;
då skall vi se ansikte mot ansikte.
Ännu är min kunskap begränsad;
då skall den bli fullständig som
Guds kunskap om mig. "

Första Korinthierbrevet,
kapitel 13, vers 12

Hur hittar du hem?

Det är ett drygt år sedan jag flyttade till den lägenheten där jag bor nu. Det var inte något jag längtade efter. Tvärtom så hade jag gärna bott kvar i min gamla lägenhet, men det alternativet fanns helt enkelt inte. Det är inte något fel på den nya lägenheten, absolut inte, men eftersom jag egentligen inte ville flytta så tog rätt lång tid innan jag kände mig hemma. Jag inser naturligtvis att det är ett lyxproblem givet hur många människor i världen som inte har någonstans att bo alls eller som tvingas lämna sina hem hals över huvud på grund av krig och andra katastrofer. Men om jag ska vara helt ärlig så kändes det som att jag tappat bort en bit av mig själv.

För ett par veckor sedan var jag på releasekväll för en bok som heter ”Hitta hem”. Den handlar såklart inte om hur en GPS fungerar eller att hitta till en specifik fysisk plats, utan om att hitta hem i sig själv, i sitt eget liv. Jag har inte hunnit läsa boken ännu, men en sak som fastnade i mig den kvällen var när författaren (Hoppas jag inte misstolkar dig nu, Robert!) lyfte fram att hitta hem till sig själv inte i första hand är ett individuellt projekt, utan att det är något som görs bäst i gemenskap med andra. Att få dela varandras livsberättelser och livserfarenheter hjälper oss att förstå våra egna liv bättre. Det kan både ge nya perspektiv och en rejäl portion igenkänning, men framför allt en känsla av att inte vara ensam. Det kan hjälpa oss att hitta hem.

Alla människor har varit med om en mängd olika, både bra och dåliga, saker i sitt liv. Och för de flesta av dröjer det inte särskilt många år innan vi upptäcker att livet inte alltid blir som vi hoppats på eller drömt om. Det händer också att vi får höra att det finns en mening med allt som sker, eller till och med att det är Guds vilja. Jag tänker att det sällan är hjälpsamt att få höra det när de svåraste sakerna händer eller när livskriserna drar fram i våra liv. Jag tror inte ens att det finns en mening med allt som händer. Jag tror inte att det går att förstå allt. Och jag tror framför allt inte att Gud vill allt det som händer, vare sig i världen i stort eller i mitt liv. Däremot är jag säker på att Gud är oss som allra närmast i de svåra stunderna.

Jag tror också att det är sådana händelser som tvingar oss att bygga om vårt inre hem. De får oss att pröva – och kanske ompröva - vad i livet som faktiskt bär. Och i bästa fall kan växa fram något nytt ur våra allra svåraste erfarenheter. Något som hjälper oss att se på livet med nya ögon. Något som får oss att upptäcka sådant vi inte förstått tidigare. Men det är i så fall inget som sker av sig själv, utan det är något kostar på. Det krävs ansträngning för att kunna låta de där tillfällena bli en växtplats för något nytt. Där vi behöver hjälpa varandra. Inte för att tala vad den andre ska göra eller hur hen ska känna. Nej, genom att vara där; sträcka ut en hand att hålla i, erbjuda en axel att gråta mot, vara den som sitter kvar när alla andra vänder sig om och går. Vi kan alla vara den människan för någon annan - och det kommer att komma stunder då vi önskar att någon finns där för oss.

"En vän visar alltid kärlek, en broder är till för att hjälpa i nöden."

Ordspråksboken, kapitel 17, vers 17

En sommarbukett

Jag går min kvällspromenad längs Säveån. Solen skiner och kvällen är ljum. Jag har längtat efter kvällar som den här hela vintern. I ögonvrån ser jag något som rör sig i ån. Det är en bäver som simmar förbi. De senaste veckorna har jag sett den flera gånger, även om jag ännu inte lyckats lista ut var den bor. Under samma tid har grönskan längs med ån fullständigt exploderat. Jag plockar en sommarbukett att sätta hemma på köksbordet.

I buketten finns smörblommor, dessa fantastiska små blommor som dyker upp tidigt på våren och sedan troget blommar hela sommaren tillsammans med stora, färgstarka lupiner som lyser upp vardagen både hemma i köket och när jag ser dem längs vägrenen när jag är på väg någonstans. Jag plockar några hundkäx. De består av mängder med små, små blommor som sitter ihop i stora klasar. Det är lätt att tro att alla är lika, men om man tittar noga så är varje blomma helt unik. Att de sedan dröser och skräpar ner kan jag stå ut med för att jag tycker de är så fina. Jag hittar även rödklöver med sin helt unika form och prästkragar som visserligen är fina att se på, men som luktar rätt illa. Jag funderar på att ta med en maskros eller två, även om en del kallar dem ogräs. Dels för att de är så färgstarka, men framförallt för att jag förundras över deras förmåga att kunna överleva och växa i stort sett var som helst. Jag kan inte heller låta bli att ta med några stycken förgätmigej även om de nästan försvinner bland alla de andra blommorna, och en blomma som jag inte vet vad den heter men ändå hittar en självklar plats i min bukett.

När jag äter min frukost nästa morgon ser jag att några av blommorna redan slokar. Jag tänker att buketten påminner om människor; att människor är lika olika som blommorna i min bukett. Några är stora, färgstarka och det är omöjligt att missa dem när de kliver in i ett rum, andra syns knappt och det är lätt att missa dem om man inte tittar noga. Om man däremot tar sig tid att lära känna dem upptäcker man ofta att de är helt ljuvliga personer. En del personer trivs bäst när de får vara en del av en grupp, men är trots det helt unika. Ibland träffar vi på personer som vi inte kan förstå hur de överlevt, ändå verkar de aldrig ge upp utan tvärtom hittar de ett sätt att växa även i de mest omöjliga situationer. En del människor finns där troget genom livet och vi delar mycket med varandra, andra vet vi inte ens namnet på, men de berör oss ändå. Det händer dessutom att även människor slokar om vi tar dem ifrån deras rätta sammanhang.

Jag tittar på min bukett igen och njuter av blommornas olika färger och former. Jag tänker att olikheterna gör buketten ännu vackrare. Jag är tacksam över att också vi människor får vara olika. Mångfald berikar och även när man ser till människor får olikheter helheten att bli ännu vackrare.

"Och allt som låg där fruset
i dagar vintergrå
skall löst av himmelsljuset
mot blom och mognad gå.
Vi glädes åt varandra,
åt sol och sommartid,
att på Guds jord få vandra
och äga himlens frid.

Svensk psalm 197, vers 4

Att hitta vägar vidare

Hur ska jag göra för att glömma henne? Hur ska jag orka leva vidare när han inte längre är här? Kommer det alltid kännas tomt? Att släppa taget om någon som funnits i ens liv och betytt mycket, ja kanske till och med allt, och ta avsked är något av det svåraste som finns. Det gör något med oss. Så här i Allhelgonatid är det kanske död och begravningar det första många av oss tänker på, men det finns också andra avsked. Förhållanden som tar slut. Ibland i samförstånd, andra gånger fyllt av bitterhet och taggighet. Vi flyttar eller byter jobb och tänker kanske att vi ska hålla kontakt, ändå blir det inte alltid så. Ibland är det vi som väljer att lämna och ibland blir vi lämnade. Ibland kan vi styra över tidpunkten, ibland är det helt bortom vår kontroll.

Jag tänker att det är svårt med avsked eftersom människor vi möter berör och gör avtryck i oss. Allt det vi är med om formar oss och påverkar vår syn på världen. Det gäller även avsked. Om vi är riktigt sårade och besvikna så kanske det känns som det enda tänkbara att radera bort en viss person ur sitt medvetande. Ändå är det inte möjligt. När vi en gång berörts av en annan människa blir vi aldrig samma person igen. Kanske hjälpte hen oss att upptäcka en sida av oss själva vi inte kände till själva, men som vi kan utveckla även efter att hen försvunnit ur våra liv. Kanske gjorde hen sönder något viktigt i oss, som vi nu behöver både lim och plåster för att hålla ihop, men som också hjälpt oss att hitta en inre styrka som vi inte visste att vi hade. Kanske lärde hen oss något jag inte kunde innan eller hjälpte oss att förstå något vi grubblat på länge. Det som vi fick i stunden kanske var något vi behövde just då, men som vi ändå behöver lämna bakom oss för att gå vidare i vårt sökande efter vilka vi är och vill vara. Vissa saker kanske man helt enkelt behöver uppleva själv för att inse att de inte är något bra för en. Annat kanske inte blev bra för att skedde vid helt fel tidpunkt eller för att vi inte var beredda att lyssna.

Jag tror inte att avsked i sig själva är dåliga. Jag tror att vi ibland behöver lämna saker bakom oss för att bereda plats för något annat. Jag tror inte nödvändigtvis att det är den bästa lösningen att glömma ens de människor som sårat oss mest. De kan bli en påminnelse om något viktigt och hjälpa en att undvika att trilla i samma fallgrop igen. Vi kan inte göra saker ogjorda och vi kan inte leva om vårt liv, men vi kan välja vad vi gör med våra erfarenheter. Eller som en god vän sa: Man kan välja om man vill bli bitter eller om man vill utvecklas som människa. Kanske är det inte så svartvitt, men visst kan vi göra långt mycket mer än vi själva tror. Oavsett vad som händer.

"När livet inte blir som vi har tänkt oss, vad gör vi med vår bitterhet och skam? Om hoppets Gud får bära oss igenom, kan trots allt något nytt få växa fram."

Svensk psalm 779 vers 1

Går det att veckla ut en skrynklig själ?

Förra veckan var Emil Jensen i Råda Rum. När föreställningen var slut skulle en av mina kollegor tacka honom. Då sa hon bland annat att han har förmågan att veckla ut skrynkliga själar. Vem eller vad som har den effekten på oss kan nog vara olika, men jag gillar tanken på att det går. Jag vet så klart inte exakt vad min kollega menade, men själva idén om att en själ kan bli skrynklig och att det är möjligt att veckla ut den igen har ändå fastnat i mig. Dels funderar jag över vad som får en själ skrynkla ihop sig. Påminner det kanske om när vi säger att något (eller någon) ger oss gråa hår? Fast på insidan liksom. Eller är det som skrattrynkor? Fast dem vill en kanske ha kvar? De hör trots allt ihop med något roligt man varit med om. Skulle det möjligen kunna liknas vid när något är så surt så det känns som att tungan krullar sig? Själen kanske också har något som påminner om smaklökar.

Efter en del grunnande så landar jag i en tanke att själen skrynklas när världen omkring en krymper. När det känns som vi får ett allt trängre utrymme att leva i eller om jag känner mig begränsad och låst av saker eller människor i mitt liv. När handlingsförlamning och modlöshet tar överhanden över kreativitet och längtan. När orken tryter och missmodet växer. När relationer eller drömmar går i kras. När toleransen ger vika för misstron. När kärlek byts ut mot rädsla. Jag tänker att ju mer det knyter sig i magen och ju svårare det blir att andas, desto skrynkligare blir själen.

Jag funderar vidare och tänker att skrynklorna inte är statiska, att de inte finns för evigt. Jag vill tro att de går att veckla ut igen, men att det nog ofta är så att det finns märken kvar efter dem. Ungefär som att vi har ärr efter våra fysiska sår. Hur det går till att veckla ut själen kan variera. Det kan när vi ser en föreställning eller lyssnar på ett föredrag. Det kan vara en bok eller en film. Något som får oss att se på livet på ett lite annorlunda sätt än innan. Något som ger hopp eller väcker vår längtan. Något som ger energi. I mitt fall skulle det absolut kunna vara vårvärme eller att dagarna blir längre efter vintern. Det kan också vara ett samtal med en annan människa, en kram från en god vän eller ett leende från en främling på bussen. Det kan vara att någon faktiskt ser mig på riktigt och till och med vågar ställa frågan hur jag mår. Någon som har tid att lyssna och inte bara rusar förbi. Någon som sitter kvar nära intill också de dagar jag inte har några ord för det jag känner och tänker. För mig skulle det också kunna vara att sitta på en klippa och blicka ut över havet eller se solen gå upp på morgonen. Känna doften av syrener eller regn på varm asfalt.

Vi människor påverkar och berör varandra. Det vi säger och gör får konsekvenser och gör skillnad. På gott och på ont. Vi kan skrynkla ihop och veckla ut. Vad vill du göra?

"Herrens nåd tar inte slut, hans barmhärtighet upphör aldrig."

Klagovisorna, kapitel 3, vers 22

Tacksam att jag lever

Ibland händer saker som gör att det känns som om något rycker under fötterna på oss. Det kan hända även när vi står rätt stadigt på jorden. Det oväntade gör att saker som vi innan tagit för givet ställs på ända och plötsligt ser livet annorlunda ut. Eller åtminstone får vi andra perspektiv på det vi är mitt uppe i. Det kan vara både sådant vi hoppats på och längtat efter, sådant vi oroat oss över och varit rädda för. Det avgörande är inte i första hand om det som händer påverkar oss positivt eller negativt, utan snarare att det är något vi inte kunnat förutse eller är förberedda på.

För mig hände det nyligen när jag fick veta att en person som jag visserligen inte kände så väl, men som ändå funnits med länge i mitt liv och som betytt något för mig dött. Dels kommer jag sakna honom såklart, dels blev det en påminnelse om hur skört livet är. Hela den dagen hade jag känt mig irriterad och grinig över saker som jag ändå inte kunde påverka och som egentligen inte heller spelar någon större roll i det långa loppet. Mitt humör däremot var varken speciellt upplyftande för mig eller någon i min närhet. När jag fick beskedet att den mannen gått bort rann allt det där av mig. Det blev liksom självklart att ställa om fokus. Jag fick mig en välbehövlig tankeställare. Det fick mig att fundera på hur mycket jag har att vara tacksam över i mitt liv; jag har en fantastisk familj och underbara vänner. Jag har ett hem där jag trivs och tycker om mitt arbete. Jag är relativt frisk och har det på det stora hela bra.

Lite senare samma kväll började jag fundera på vad som egentligen spelar roll på riktigt i livet. Varför jag så lätt hänger upp mig på saker som jag ändå inte kan påverka, vare sig det handlar om människor eller prylar. Vad det är som gör att jag så lätt glömmer bort allt det som ger mig energi, som får mig att må bra och gör mig glad och istället hänger upp mig på det som är motigt och svårt.

Naturligtvis kan man tänka på allt man har att vara tacksam över och vad som egentligen betyder något utan att uppleva något så dramatiskt som ett dödsfall - men för egen del har jag lätt att glömma bort det och ta det för självklart. Det är som att jag har lättare att se och fastna i "skitsakerna". Det är som att de på något sätt slår ut och tränger undan det vackra, det förunderliga, det som berör mig på djupet. Det är som jag behöver skakas om emellanåt. Oavsett hur det egentligen hänger ihop vill jag egentligen bara säga - skriva - att trots allt som händer både i mitt eget liv och i världen i stort så är jag oändligt tacksam att jag lever.

"Ängslas inte,
jag är din Gud.
Jag ger dig styrka
och hjälper dig,
stöder och räddar
dig med min
hand. "

Jesaja, kapitel 41,
vers 10

Kanske kan just du vara någon annans mirakel idag

Det var en av de där novemberdagarna som är så grå att det känns som att det aldrig blir riktigt ljust ute. Morgonens trötthet satt kvar i kroppen som om någon satt fast den med superlim. Det var så tomt i Råda rum att mina steg nästan ekade när jag gick genom restaurangen. Dessutom regnade det. Plötsligt hör jag ett skratt. Jag rycker nästan till av det oväntade ljudet och inser att det faktiskt sitter två män och äter lunch i restaurangen. Hade det varit en film hade man garanterat ändrat hela ljussättningen i det ögonblicket. Det var så befriande med ett skratt i allt det novembergråa. Plötsligt fanns det en energi i rummet som inte funnits där innan. En energi som också trängde in i mig och min kropp. Jag pratade en liten stund med de båda männen och de berättade att de skrattat åt primtal.

Själv kan jag inte komma på något med primtal som skulle få mig att skratta, men deras glädje smittade av sig ändå. Deras skratt gav tillräckligt med energi för att jag skulle ta mig vidare genom en dag som var full av saker som verkligen behövde bli gjorda. Vi möttes bara under några få minuter och jag har ingen aning om vi kommer att mötas igen. Jag vet inte ens vad de heter, men jag vet är att det var ett möte som gjorde skillnad där och då.

Jag tänker att livet är fullt av sådana tillfälligheter. Ögonblick när man råkar vara på rätt ställe i just rätt tid. Ibland är man på fel ställe, vid fel tidpunkt också så klart. Man skulle kunna grubbla tills man blir blå i ansiktet på hur livet blivit om man inte gjort det ena eller andra i sitt liv. Hur hade allt blivit om jag inte tagit den där cykelturen, om jag hunnit med det tidigare tåget istället, om jag inte bestämt mig för att söka ett visst jobb, om mina föräldrar aldrig träffats och så vidare. Det finns de som tror att man inte kan undvika sitt öde, att det som är meningen att det ska hända händer. Det tror inte jag. Jag tror att vi i allra högsta grad kan påverka våra liv. Inte på det sättet att vi kan styra allt som sker, men vi kan välja hur vi hanterar det som händer. Vilket inflytande vi ger både människor vi möter och händelser som vi är med om.

Det vara storslaget och märkvärdigt, men det kan också vara något så enkelt som att låta en annan människas glädje smitta av sig en liten stund. På samma sätt kan det vi själva gör påverka och göra skillnad för någon annan. Det som inte verkar så märkvärdigt för oss kan få en avgörande betydelse för någon som vi möter. I det lilla, i det vardagliga sker mirakel hela tiden. Kanske kan just du vara någon annans mirakel idag.

"Jag tror på en Gud som bor inom mig, och som bor i allt utanför.

En skrattande Gud som vill skratta med mig, som lever med mig när jag dör."

Svensk psalm 766, vers 3

En gammal orange symaskin

Det är mer 30 år sedan jag flyttade hemifrån. Den sommaren köpte min mamma en begagnad symaskin i present till mig. Det var en Husqvarna och den var tung som bly, knallorange och gissningsvis ungefär lika gammal som jag själv. På den satt jag och sydde gardiner till min första lägenhet. Några år senare satt jag i mitt studentrum i Uppsala och sydde mina första prästskjortor. Jag har sytt sofföverdrag och lappat barnens jeans. Jag sydde en yllerock till en kollega, ja till och med min egen brudklänning. Jag har fortfarande kvar min fina symaskin. Två gånger under alla år har jag fått skruva isär den för att plocka bort damm, olja den och ge den lite kärlek. Annars har den aldrig krånglat.

De sista åren har jag inte sytt så mycket, men häromveckan fick den komma fram igen. Planen var att sy en ny prästskjorta. Mitt gamla mönster hade kommit bort i någon flytt, men jag tänkte att det borde gå att göra om något av mina andra mönster. Det var svårt att se nålsögat ordentligt när jag skulle trä maskinen, men annars var det som att återse en kär en vän. En massa minnen kom upp och tiden bara försvann när jag satt där vid köksbordet. Det bidde ingen prästskjorta, men det bidde i alla fall en tunika. (Ni som hört sagan om Mäster Skräddare förstår. 😊)

Jag tycker att det finns något väldigt tillfredsställande att göra konkreta saker. Jag mår bra av att rensa en rabatt, röja diskbänken i köket, möblera om eller för all del sy ett nytt klädesplagg. Jag tror att det hänger ihop med att jag kan se ett resultat av det jag gör på en gång. Jag vet naturligtvis att ogräset kommer tillbaka, att köket kommer förvandlas till kaos igen och att det antagligen är både billigare och lättare att köpa sina kläder i en affär, men spelar liksom ingen roll. Det som spelar roll är att jag i stunden får bringa lite ordning, göra världen lite vackrare om än bara i mitt eget kök.

Att sitta vid symaskinen några timmar påminner mig om det är möjligt att förändra världen, att göra skillnad. I det lilla, i min vardag, men också i ett större perspektiv.

Snart är det påsk. För mig handlar påsken om att världen är förändrad i grunden. Den är ett tecken på att det alltid blir vår igen oavsett hur lång vintern känns, att kärlek och ljus alltid kommer att övertrumfa hat och mörker en gång och att döden aldrig kommer att få sista ordet, även om det sannerligen kan kännas så i dessa tider. För mig är påsken en påminnelse om att livet är starkare än allt, och att vi alla har fått det livet som en gåva.

"Herren lever,
våga tro det,
lämna den
dag som gått.
Hoppet är framtid,
nu är livet
vår möjlighet."

Svensk Psalm 155,
vers 1

Ord gör skillnad

Ord gör skillnad. Även ett par ogenomtänkta ord som sägs i förbifarten kan påverka en annan människa mer än vi anar. För mig handlade det om några få ord som uttalades en gråkall vinterdag och de landade mitt i mig. Om de sagts i ett annat läge kanske de fladdrat förbi som en fjäril som fladdrar från en blomma till en annan en solig sommardag. I stället fick de trängas i mitt inre med den allmänna vintertröttheten och oron över min värkande kropp. Strax efteråt anslöt sig de trogna – men inte särskilt hjälpsamma – vapendragarna stress och rädsla till sällskapet. Det blev både trångt och rörigt inom mig. Logik och rimlighet kastades över ända och på nätterna målade jag upp det ena mardrömsscenariot efter det andra i mina tankar. Utåt sett försökte jag hålla mig lugn, men på insidan höll jag på att gå i småbitar. Hur jag än vred och vände på tankarna hittade jag ingen vettig väg ut ur kaoset.

Så höll jag på under några veckor. Till slut gick det inte att hålla allt det jag kände inom mig längre. Jag gläntade på dörren och släppte in några av mina närmaste i kaoset. Då hände det igen - att orden gjorde skillnad. Det som innan verkat som ett totalt ogripbart kaos fick något som åtminstone liknade konturer. I ett till synes olösligt trassel hittade jag en ände att börja nysta i. De som fick ana något av kaoset kunde visserligen inte ta bort de ord som sagts innan, men de kunde fylla på med andra ord; visa på alternativ och möjligheter. Ord som lugnade och hjälpte mig att se på saken från ett annat perspektiv. Tack vare deras hjälp lyckades jag till slut hitta mina egna ord och formulera mina tankar och frågor. Frågor som jag också vågade ställa till den person som från början satt igång allt grubblande inom mig. Sällan har jag hört någon bli så överraskad. Det visade sig att det som orsakat mig veckor av oro och stress helt enkelt var ett missförstånd. Katastrofen stod inte alls och väntade runt hörnet, utan läget var ett helt annat än det jag först trott. Jag var så lättad att jag grät efteråt.

Allt det här funderade jag på när jag var ute i skogen och promenerade häromdagen. En promenad då jag på nytt insåg hur viktiga våra ord är, och hur vi kan använda orden både till att bygga upp och för att trycka ner varandra. En promenad då jag ännu en gång påmindes om hur betydelsefullt det är att ha någon att dela sin oro och sina tankar med, och hur tacksam jag är över de kloka, fina människor som jag har i min närhet. En promenad då jag inte kände hur kallt februariregnet var utan upptäckte först när jag kommer hem att jag var genomblöt. I stället hörde jag fåglar som kvittrade, såg en larv som vaknat ur sin vinterdvala alldeles för tidigt. Sammantaget gör allt det här att jag vågar hoppas på soliga sommardagar då fjärilarna fladdrar förbi från blomma till blomma igen.

*"Välsignad är vår herre
Jesu Kristi Gud och fader,
barmhärtighetens fader och
all tröstes Gud. Han tröstar
oss i alla våra svårigheter,
så att vi med den tröst
vi själva får av Gud
kan trösta var och en
som har det svårt."*

*2 Korinthierbrevet,
kapitel 1, vers 3-4*

Om rikedom och tacksamhet

Jag sitter hemma vid köksbordet, jag har tänt ett par ljus och tekoppen står bredvid mig. Ute regnar det och det känns att hösten är på ingång. Jag scrollar mig igenom de nyhetssidor jag brukar läsa. Det är ingen upplyftande läsning direkt. Det finns mycket att oroa sig för i världen. Jag skulle lätt kunna fastna i den känslan.

Istället låter jag tankarna vandra vidare till min egen vardag. Jag tänker på ett spännande samtal med en nygammal bekantskap tidigare i veckan. Det väckte många tankar att fundera vidare på. Jag minns hur glad jag var när jag gymmade häromdagen. Gemenskap och skratt runt matbordet hemma hos en god vän. Skogspromenad i regnet. En hälsning från någon jag knappt känner om hur mycket min senaste krönika betytt. Jag inser att jag är rik. Inte på grund av antalet kronor som finns på mitt bankkonto, utan på grund av hur många saker jag har i mitt liv att vara tacksam över. Det är till och med så att ingen av de saker som jag sitter här och känner mig tacksam över är något jag skulle kunna köpa oavsett hur mycket pengar jag hade haft.

Även om man har det man behöver är det lätt att ryckas med i hetsen om att det finns saker man ”bara måste ha” eller hänga upp sig på sådant man saknar. Jag gör det gång på gång. Tro inte något annat. Men jag har faktiskt lärt mig att inte fastna i de tankarna. För några år sedan mådde jag väldigt dåligt och minns hur jag sa till kuratorn jag pratade med just då att allt i mitt liv var skit. Hon gav mig i uppgift att under två veckor skriva ner tre saker jag var tacksam över varje dag. Det spelade ingen roll hur liten sak det var, det viktiga var att jag var tacksam över den. Jag gick därifrån med inställningen att jag fått en helt omöjlig uppgift och skulle misslyckas med att utföra den.

Redan i slutet av andra dagen insåg jag att det svåra inte var att hitta tre saker utan att välja vilka jag skulle skriva ner. När de två veckorna gått fortsatte jag ett par månader till och fick ihop en fantastisk lista över bra saker i mitt liv. Det kanske låter banalt, men bara genom den lilla förskjutningen av perspektivet lyckades jag lyfta blicken en smula. Jag kände mig gladare och mådde bättre. Inte för att allt det svåra och jobbiga försvann, men för att jag insåg att det fanns något mer i livet än bara det svåra. En bieffekt som kuratorn inte förutsett var dessutom att jag insåg att det som betydde mest var sådant som man inte kan köpa, sådant som man bara kan ta emot eller ge vidare som en gåva. Vad finns det i ditt liv som du är tacksam över i ditt liv? Är det något av det som du kan dela vidare till någon annan?

"Jag kan icke
räkna dem alla,
de prov
på Guds godhet
jag rönt:
likt morgonens
droppar de falla
och glimma
likt dessa
så skönt"

Svensk psalm 260,
vers 1

Våga vara där

För några veckor sedan blev en av mina vänner pappa. Det är hans tredje barn. Ingen kan påstå att det var planerat, men absolut både välkommet och efterlängtat. Ett riktigt mirakel, skulle jag säga. Strax efter skrev min vän ett inlägg på Instagram om vilka värderingar han vill skicka med sitt barn i livet och vad som betyder något på riktigt. Ungefär samtidigt pratar jag och dottern om att våga lära sig saker av (var)andra. Någonstans på vägen blandas de där tankarna i min hjärna, och en insikt tar form. Jag skulle inte säga att den är ny, men det blev tydligare för mig hur viktigt den är för mig. Det handlar – i en vid betydelse – om generositet. Om att våga dela med sig, men också att våga ta emot.

Jag tänker inte i första hand på materiella saker, även om det naturligtvis finns tillfällen då det också behövs. Jag tänker snarare på att vara generös med sig själv. Det kan innebära att visa uppskattning; att ge en komplimang eller ett leende. Att vara tillsammans och dela varandras erfarenheter. Det som jag har varit med om i mitt liv kanske kan bidra till att andra får upptäcka något som de inte insett förut. På samma sätt vill jag också uppriktigt lyssna och ta till mig sådant som en annan människa vill visa och berätta för mig. Generositet handlar för mig också om att vara beredd att anstränga mig lite extra för att försöka förstå även sådant som ligger långt ifrån mitt eget sätt att se och uppfatta världen. Jag vill lyssna utan att döma och försöka minnas att det som utmanar lite extra ofta är sådant som hjälper en att upptäcka något nytt. När våra erfarenheter får mötas och brytas mot varandra öppnar det för nya perspektiv på livet och tillvaron. Om vi upplever saker ihop så kan vi komma närmare varandra och se på varandra på ett helt nytt sätt. Det kan öka förståelsen för en annan människa.

Dessutom kommer det garanterat dagar i livet då man är med om sådant man önskar att man aldrig behövt uppleva. Vi ställs alla någon gång inför berg som verkar fullständigt oöverstigliga och tvingas bita i surare äpplen än vi någonsin kunnat föreställa oss. De dagarna behöver vi vara än mer generösa mot varandra. Man behöver någon som orkar vara där också de stunderna och tillfällena. Genom att finnas där kan vi bidra att den andre klarar att fortsätta lite till. Våra erfarenheter av det svåra i livet kan hjälpa någon annan att hitta sin väg genom det hen kämpar med just då. Något som vi kan tycka är litet eller självklart kan göra all skillnad i världen för någon annan. Enbart genom att orka stanna kvar och vara där kan vi bli till en ljusglimt i ett annars till synes kompakt mörker. På samma sätt kan någon annan vara den som gör skillnad för oss om vi vågar visa något av det som är svårt och tungt för oss. Vi behöver våga vara där för varandra i livets olika skeden.

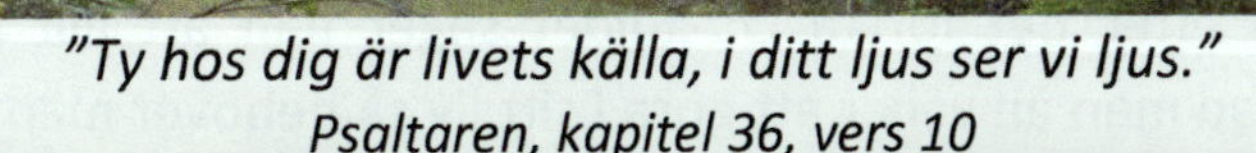

"Ty hos dig är livets källa, i ditt ljus ser vi ljus."
Psaltaren, kapitel 36, vers 10

Livet är inte perfekt

I februari 2022 tog en 25-åring från Trollhättan dubbla OS-guld. Nils van der Poel slog olympiska rekord i bägge sina lopp och på den långa distansen slog han dessutom världsrekord. Det gjorde han för övrigt även när han tog VM-guld året innan. En fantastisk insats såklart, något som imponerar, en bragd. Något som imponerar än mer på mig är hans sätt att se på sin skridskoåkning och på livet i stort. När man ser på hans meritlista är det lätt att tro han gjort en spikrak karriär, med ett totalt fokus på sin skridskoåkning. Så enkelt har det inte varit. Efter att som junior vunnit två raka VM-guld bestämde han sig för att ta en paus eftersom han ville hinna med annat än att bara gå i skolan och åka skridskor. Efter OS 2018 var det dags för ytterligare en paus. Nils har också kämpat med höftproblem och det är inte säkert att han ens kommer att kunna fortsätta sin skridskokarriär efter OS. Oavsett vad han själv vill.

I en segerintervju efter det första OS-guldet säger han att allt inte handlar om medaljer och att vad man än väljer att göra i sitt liv så behöver man offra annat. Han pratar om att göra sina egna val, om drömmarna som väljer oss och det stora att få göra sin livsresa med dem man tycker om. Han påminner om att även om det kan vara uppförsbackar i livet kan utsikten vara fin när man kommer upp för backarna och att även en sorglig film kan vara en bra film. Det låter enkelt och självklart när han säger det, men jag tänker att han återger en av livets allra viktigaste insikter – insikten att livet inte är perfekt.

Livet är inte perfekt. Inte för någon. Ingens livsväg är spikrak. Solskenshistorier varvas med stormiga tider. Våra drömmar kan hjälpa oss att hitta riktningen. Människorna vi möter eller slår följe med kan ge ork att gå vidare och skänka glädje under tiden, men vi kommer ändå inte att slippa undan en del uppförsbackar. Det kommer att dyka upp mörka gränder eller hinder på vägen. En del svårigheter finns i det öppna så att alla kan se, och annat får vi kämpa med på egen hand, på insidan. Så är det för alla och i bästa fall kan den vetskapen göra oss mer ödmjuka inför varandra.

Livet är inte perfekt, men det kan absolut vara bra ändå. Att ha tagit sig upp för de tunga backarna, ger nya perspektiv på tillvaron. Att ta sig igenom sorger och svårigheter hjälper oss att se på livet med andra ögon. Allt det vi varit med om i livet – både positivt och negativt – har påverkat oss till att bli dem vi är. Alla de val vi gjort har lett oss fram till den punkt där vi befinner oss just nu. Varje steg vi tar framöver för oss vidare mot en framtid vi inte vet något säkert om, men som vi kan vara med och forma. Livet är inte perfekt, men det är en gåva som var och en av oss har fått. Drygt 86000 sekunder per dygn att uppleva och finnas till. Ditt liv kanske inte är perfekt, men det är ditt att leva.

"Bär varandras bördor, så uppfyller ni Kristi lag."

Galaterbrevet, kapitel 6, vers 2

Älskad – oavsett allt

På annandag jul 2021 somnande den sydafrikanske biskopen Desmond Tutu in för sista gången och världen blev en mycket fattigare plats. Biskop Tutu var en av mina stora förebilder. Orden räcker inte till för att beskriva vad han har betytt vare sig för mig personligen eller för världen i stort. Därför har jag ägnat en del av min julledighet åt att läsa om en av hans böcker, en liten bok om hopp och drömmar, om att förändra världen. Hans varma leende lyser igenom på varje sida, och några tankar hänger kvar även efter att boken tagit plats i bokhyllan igen.

Han skriver om Guds kärlek till oss människor i sin bok. Han påstår att det inte handlar om vad vi gör, hur vi ser ut, vad vi kan eller vad vi har. Guds kärlek till oss finns där oavsett allt. Vi är älskade och det ligger invävt i vårt DNA, i allt det vi är. Det i sig är stort nog, men han lägger dessutom till en dimension som åtminstone inte jag tänkt så tydligt förut. Han hävdar att det inte finns något vi kan göra för att Gud ska älska oss vare mer eller mindre. Kärleken finns där och kommer alltid att finnas där, oavsett allt! Han menar på fullt allvar att det inte finns någonting vi kan göra för att Gud ska älska oss mindre. Det är den tanken som fastnar i mig.

Efter det följer ett resonemang kring hur högt vi människor värderar sådant som framgång, styrka och att lyckas. Det är som vi tror att det är sådana saker som ligger till grund för vårt människovärde. Tutu menar att vi behöver vända upp och ner på den föreställningen. Tillkortakommanden och misslyckanden, svaghet och sårbarhet är en ofrånkomlig del av att vara människa. Vi behöver påminna oss om och öva på att älska både andra och oss själva trots att det är så. Det gäller att inte låta hat eller förakt ta över när livet inte blir som vi trott eller hoppats. Att se det goda i varandra även när saker och ting faktiskt går käpprätt åt skogen. Hur vi än gör så kommer vi att bli sårade och ledsna, besvikna och arga i livet, men om vi kommer ihåg att varje människa är älskad kan vi i bästa fall också känna medkänsla när det händer.

Jag tänker att det är i sprickor och skarvar som ljuset kan hitta nya vägar. Det är när vi ser det goda i en människa som hen kan växa och utvecklas. Det är när en människa känner sig älskad som hen vågar försöka igen även om hen misslyckats innan. Jag tänker att godhet och goda nyheter sprider sig som ringar på vattnet. Jag vet att det finns en massa elände i världen, men jag vet också att det finns solskenshistorier och lyckliga slut. Därför blir mitt nyårslöfte i år att försöka se, leta efter och lyfta fram det goda, i mig själv och hos andra. Om vi hjälps med det åt kan vi förändra världen. Tillsammans kan vi göra världen bättre för många.

*"Du som
går före oss
ut i en
trasig värld,
sänd oss med
fred och bröd
Herre i världen."*

*Svensk psalm 74,
vers 4*

Att känna sig begränsad i en värld full av valmöjligheter

Häromdagen var det någon som påminde mig om att det är valår i år. Samtidigt tycker jag att varje dag känns som något av en valdag, med tanke på hur många olika val man gör hela tiden – en del av dem är kanske inte så stora, men vissa påverkar oss lång tid framöver. Just nu får jag dagligen erbjudanden om att byta elleverantör, andra gånger är frågan vilken telefonoperatör, vilka streamingtjänster eller vilken dejtingapp som passar mig bäst. Det kan också handla om vilket gym ska jag träna på eller var ska jag köpa min mat, om jag ska beställa färdiga matkassar eller göra min egen inköpslista. Jag förväntas planera för min pension och välja vilken skola mitt barn ska gå i. På apoteket får jag frågan om jag verkligen vill ha Alvedon eller om jag kanske skulle vilja prova deras egen motsvarighet. När jag vill läsa en bok kan jag välja om jag vill ha en fysisk bok i handen eller lyssna på den i min telefon. Det finns otroligt många val att göra och en mängd parametrar att väga in - de flesta av dem är bara några musklick bort. Ytterligare några knapptryck senare har jag också bekräftat att jag är jag, med hjälp av mitt Bankid. Vid en första anblick verkar det här kanske som ett lyxproblem. Jag lever mitt i det här; jag gör en stor del av mina inköp online och har redan valt olika leverantörer för olika tjänster. Jag älskar att jag kan gå och träna när gymmet är obemannat och lägger mycket tid på sociala medier, både att följa andra och dela saker själv. Jag blir visserligen otroligt trött av alla val, men jag har ändå möjligheten att välja.

Gång på gång påminns jag också om att inte alla, alltid har samma möjlighet – eller förmåga. Ibland är det sjukdom och värk, att man inte behärskar tekniken eller att pengarna inte räcker som begränsar. Det kan också vara så att alla valmöjligheter i sig får det att kortsluta så att man till slut inte förmår välja alls. En vän, som till det yttre har allt, berättade nyligen om hur tomt hen tycker att livet är och hur ledsen hen är. En annan dag fick jag en hälsning från en annan person som inte vet hur hen ska orka en endaste dag till när hen inte längre har sitt arbete att gå till. En tredje vågar knappt lämna sitt hem eftersom vare synen och balanssinnet funkar som de borde längre och hen vill inte besvära någon med att följa med. Trots alla valmöjligheter är vi många som känner oss ensamma och isolerade. En emoji med glad mun är inte samma sak som att höra en annan människas skratt, En bild på ett hjärta inte det samma som att någon kramar om en när man är ledsen, att genom knappval klicka sig fram till det man ska göra är inte detsamma som att bolla sina frågor och tankar med en annan människa.

"Han ska befalla sina änglar att skydda dig var du än går."

Psaltaren, kapitel 91, vers 11

Trots alla otaliga knappval och musklick så finns närvaro eller närhet aldrig med bland alternativen vi får att välja på. Vi kan använda våra Bank-id för att visa vilka vi är hur många gånger som helst, men det är helt värdelöst när man längtar efter ögonkontakt med en annan människa eller vill bli sedd på riktigt. Vare sig Google eller Siri kan hjälpa till när behovet av en kram eller önskan att dricka en kopp te med någon blir akut. Vi interagerar mer än någonsin och ändå känner sig så många mer ensamma. Begränsningarna blir tydliga, trots alla valmöjligheter. Skulle vi kunna göra ett annat val?

Vart är vi på väg?

”Vart är vi på väg?” är sedan länge en mening som är förknippad med Kristian Luuk och fredagsunderhållning i TV – men det är också en mening som allt oftare poppar upp i mitt huvud när jag läser nyheter. Det finns så många skrämmande nyheter. De kan handla om krig. Om människor som dödas för att de råkar vara på fel ställe vid fel tidpunkt eller för att de vågar säga ifrån när andra beter sig illa. Om klimat och miljö. Hur vi tar hand om den värld vi lever i, eller snarare hur vi inte tar hand om den. Vart är vi på väg?

För ett par veckor sedan fick statyn ”Tröst” på Råda kyrkogård en ”rebellmamme-halsduk”. Samma dag virade Rörelsen Rebellmammorna en drygt 4 km lång halsduk runt riksdagshuset. Det gjorde de för att uppmärksamma att vi i Sverige redan nu förbrukat så mycket naturresurser som jorden kan producera på ett år. Andra gånger har Rebellmammorna samlats för att sjunga utanför lokaler där olika beslutsfattare och makthavare diskuterat klimatfrågor. Rebellmammorna var också omnämnda när det skrevs om en kvinna som blivit av med sitt jobb på energimyndigheten. Hon ansågs vara en säkerhetsrisk (trots att hon tidigare säkerhetsprövats av SÄPO) efter att en minister hört av sig till generaldirektören. Anledningen var att hon deltagit i några av Rebellmammornas aktioner. I klartext för att hon sjungit utanför hus där andra diskuterat miljö- och klimatfrågor. Vart är vi på väg? En annan nyhet i vår handlade om hur Greta Thunberg satt utanför Riksdagens entré tillsammans med några andra unga klimataktivister. De hade en banderoll med texten ”Klimaträttvisa, social rättvisa” liggande framför sig. En riksdagsledamot, som också är ordförande i ett av riksdagens utskott, passade på att trampa på banderollen på sin väg in till riksdagen. Det var helt medvetet och i en intervju efteråt verkade han mest stolt över vad han gjort. Vart är vi på väg?

Och även om sakfrågorna är skrämmande i sig själva – så är synen på människor som engagerar sig, som vill förändra och påverka i samhället minst lika skrämmande. Jag gick i min första demonstration när jag var sju år. Det var inför kärnkraftsomröstningen 1980. Genom åren har det blivit många fler. Jag har gått i, talat på och arrangerat en mängd demonstrationer och manifestationer. Det har handlat om krig, rasism, HBTQ, folkbildning, apartheid och mycket annat. Rätten att få samlas och uttrycka sin åsikt har varit självklar så länge jag minns. Lika självklar är skyldigheten att ta ansvar för den värld vi lever i, och verka för alla människors rätt att få vara den de är och kunna leva i trygghet och frihet.

Vad som får människor att engagera sig är individuellt, men många gånger kan vi mötas i viljan att ta ansvar och att förändra världen. I mitt fall har det varit min kristna tro och hur vi människor redan i Bibelns första berättelse får uppdraget att ta hand om världen och varandra som legat till grund för mitt engagemang.

Det har under lång tid talats om att det är för få människor engagerar sig. Att alltför många ligger på sofflocket och bara bryr sig om sitt eget. Nu känns det snarare som att det är de av oss som höjer våra röster som är problemet. Att vi inte förstår vårt eget bästa. Att vi borde sluta ifrågasätta och vara tysta. Det skrämmer mig mer än något annat. En rädsla som blivit ännu starkare efter det som hände i Gubbängen förra veckan. Det får mig att på allvar undra – vart är vi på väg?

"Det tänds ett hopp för den fattige, och ondskan tvingas till tystnad."

Jobs bok, kapitel 5, vers 16

Jag är arg på livet

Jag är arg på livet – eller är det kanske döden jag är arg på. Jag kan inte riktigt säga vilket just nu. De har liksom tvinnats ihop på något märkligt vis på sistone. Jag är arg för att en person som alltid funnits inte längre finns kvar på den här jorden. Jag är arg för att två tonåringar inte längre har sin pappa kvar hos sig. Jag är arg över att en människa inte får bo kvar i sitt hem när sambon plötsligt dog. Jag är arg över läget i världen och orättvisorna i samhället omkring mig. Ilskan tar över både det lilla och det stora perspektivet, men den tar en annan form än den brukar. Ilskan har förvandlats till uppgivenhet. Kanske är det sorgen som knackar på.

För trots ilskan är det som att det som händer runt omkring inte når riktigt ända fram. Det är som att det finns en tjock mur av tomhet mellan mig och resten av världen. Jag känner mig som en åskådare i mitt eget liv. Jag som bara för några veckor sedan skrev att jag vägrar ge upp min tro på människans godhet känner mig nu både bedrövad och bedövad. Jag vill gömma mig och låtsas som att det svåra inte händer på riktigt, I huvudet hör jag vildvittrorna, från berättelsen om Ronja Rövardotter, som skränar ”Syns inte, finns inte”. Jag vill helst ligga kvar under täcket, hoppas på att någon ska väcka mig och säga att allt bara är en mardröm.

I stället är det enda som väcker mig alarmet på telefonen. Jag trotsar min vilja att dra mig undan och släpar mig upp ur sängen. Jag gör det jag ska, men det känns samtidigt som att jag inte riktigt är där. En dag kommer en vän förbi och frågar hur jag har det. Då brister allt. Tomheten ersätts med fulgråt. Hon håller om mig, medan hennes tröja blir blöt av både tårar och snor. En annan dag är det en kollega som tar sig tid att lyssna på min frustration en stund. Hon berättar om sitt och sina tankar. Tårarna trycker på även då, men den gången lyckades jag hålla tillbaka dem. Jag är kanske inte så ensam som det känns, för i mötet med andra så finns känslorna där igen. De finns på ett sätt som jag känner igen och förstår. När jag vågar dela det jag känner med andra blir det lättare att andas. Tomheten får ge vika för närheten och närvaron en stund. Jag blir påmind om Sinnesrobönens ord. Jag ber den tyst i mitt huvud. Jag ber om sinnesro att acceptera det jag inte kan förändra, mod att förändra det jag kan och förstånd att inse skillnaden.

För jag kan inte förändra allt så det blir som jag vill. Jag orkar inte ens förändra det jag kan alltid. Jag inser att jag inte behöver klara av allt ensam, och att det kanske är det som gör hela skillnaden. I synnerhet när sorgen knackar på. Kanske är människans godhet inte så långt bort ändå. Kanske väntar kamplusten runt hörnet.

"Kom närmare, bliv kvar hos mig. Det mörknar och kanske ljusnar det på nytt igen. Ditt liv ska bära mig, jag hör en koltrast som sjunger timmen innan gryningen."

Svensk Psalm 717, vers 3

Fest eller kamp

Sedan några dagar tillbaka vajar regnbågsflaggorna på en mängd platser i Göteborg och dess närhet. Så även i Råda prästgårds flaggstång. I veckan som kommer firar vi West Pride igen. Göteborg fylls inte bara med flaggor utan också med föredrag, utställningar, bokbord, fester, konserter och mycket, mycket mer. Åsikterna kring både flaggorna och West Pride går isär. För några är det dagar av fest och glädje då man hyllar kärleken i alla dess former. För några är det en manifestation och en påminnelse om att kampen att få vara den hen är och älska den eller de hen vill inte är över. För några är det ett hemskt jippo som ”de där” – välj valfritt negativt laddat adjektiv – bögarna och flatorna ställer till med för att visa upp sig. Mina egna känslor är också rätt spretiga. Lika glad som jag är när jag på paraddagen dansar ner för Avenyn, lika ledsen är jag över att det fortfarande finns dem som ifrågasätter min rätt att göra det. Lika varm i hjärtat som jag blir av att se alla flaggor och alla människor, lika mycket fryser jag i själen när jag ser den lilla gruppen som står vid kanten av paradvägen med plakat som säger att Gud ska skicka alla oss HBTQI-personer till helvetet. Det finns dessutom en ganska stor del av mig som önskar att vi inte behövde ordna några parader, seminarier, mötesplatser för att visa på något som borde vara självklart – nämligen att varje människa har rätt att vara den hen är och älska vem eller vilka hen vill. Tills den dagen kommer så är jag dock tacksam för West Pride och alla andra Pride-sammanhang som finns i världen.

När jag stod i kyrkornas monter i Pride Park för ett par år sedan blev jag intervjuad av en mycket skeptisk ung man. Han undrade vad kyrkan hade på West Pride att göra. Det visade sig att han arbetade för en konservativ och nationalistisk TV-kanal (högerextrem skulle några säga), och efter ytterligare några frågor valde jag att avbryta intervjun och bad dem radera det de filmat. De vägrade och valde istället att publicera intervjun, med motiveringen att jag som präst var en offentlig person.

Det har jag kunnat släppa, men hans första fråga hänger fortfarande kvar i mig. Den skaver i hjärtat. Jag tror att den största anledningen till det är att det är så självklart för mig att kyrkan ska finnas med på West Pride. Det handlar om trovärdighet. En kyrka som är grundad i tron på att varje människa är skapad till Guds avbild kan inte blunda så länge det finns människor som hotas och dödas på grund av vilka de är eller vilka de älskar. Vi kan inte vara tysta när människovärdet kränks utan behöver ständigt stå upp för att varje människas värde är oändligt och ovillkorat. Gud gör inte skillnad på människor och det ska vi inte heller göra. Jesus predikade, i både ord och handling, att vi människor ska älska både oss själva och våra medmänniskor. Att vi ska stå upp för utstötta och utsatta. Att vi ska lyfta fram de som blir bortskuffade, synliggöra dem som andra inte vill se och vara en röst för dem som inte blir hörda.

För att kunna göra det måste vi våga lyssna på och se varandra utan att försöka göra om eller rätta till. För att kunna göra det måste vi vara där. Både kampen och festen fortsätter – Happy Pride!

"Kärleken vållar inte din nästa något ont. Kärleken är alltså lagen i dess fullhet."

Romarbrevet, kapitel 13, vers 10

Om föräldraskap och att känna sig överflödig

Jag vill så gärna vara en bra mamma, men fasen vad svårt det är. Inte för att min tonåring är orimligt krävande att vara förälder till. Tvärtom verkar hon de flesta dagar tycka att jag är helt okej om än lite överbeskyddande. Om någon ställer orimliga krav på föräldraskapet är det jag själv och min största utmaning är att förutsättningarna hela tiden förändras. Lagom tills jag tycker att jag har någorlunda koll på situationen så har saker och ting ändrats igen.

Just nu tränar jag på att känna mig överflödig, och samtidigt att vara beredd på att blixtinkallas. Det är svårt att förstå att det bara är ett par år sedan hon stod på trappan och kollade att jag inte försvann när jag gick ut med soporna eller gick till brevlådan. Jag borde vara stolt över hur självständig hon är och hur väl hon argumenterar för både det hon vill och tycker. Hur sunda värderingar hon har och hur bra hon är på att sätta tydliga gränser för att må bra. Och jag är stolt över det! Väldigt stolt! Alla dagar i veckan!

Utmaningen är att hon håller på att upptäcka sammanhang som jag inte känner till, tillsammans med människor jag inte känner. Det jag får veta är det hon väljer att berätta. Hon tillbringar den mesta av sin tid hemma i sitt rum med dörren stängd och tycker det är skönt att vara ensam. Missförstå mig inte – jag förstår att det är så här livet ska vara. Det är så jag själv gjorde när jag var i hennes ålder, men jag tycker ändå det är svårt. Jag vill finnas där utan att begränsa henne, jag vill få veta vad hon håller på med utan att lägga mig i. Jag älskar när vi pratar om böcker, musik eller hur det är i skolan eller när vi argumenterar om något bara för att vi båda älskar att diskutera, men inte har något problem i att landa i att vi tycker olika. Det svåra är suckarna som hon försöker dölja när jag berättar något hon tycker är självklart eller frågar sådant hon inte vill prata med mig om, när hon lite överseende säger att jag är fånig som oroar mig i onödan, men att det väl ingår i att vara mamma. Då känner jag mig enormt överflödig och samtidigt lite korkad för att jag glömmer att hon inte längre är min bäbis, att jag faktiskt inte kan skydda henne från allt och att hon måste få leva sitt liv.

Så jag försöker vänja mig vid det nya. Gör upp egna planer, går till gymmet, tar en fika med en kompis, planerar för att jobba helg även på ”mammaveckor”. Det går ganska bra. Tills det händer något som är akut i hennes värld. Då kan det komma fem sms på två minuter – det kan vara att hon har glömt skoldatorn, behöver köpa något eller vill bara ta en liten utflykt och visa mig de senaste favoritlåtarna. I stunden händer det att jag blir lite irriterad. Varför måste hon höra av sig den lilla stund jag gör något annat när jag varit tillgänglig så många timmar.

"Barn är en gåva från Herren."
Psaltaren, kapitel 127, vers 3

Men innerst inne är jag glad och tacksam för att hon vet att hon alltid kan höra av sig till sin mamma. Vad det än gäller.

Men fasen vad det är svårt att förklara det utan att det blir fel.

Kan inte vi människor bara sluta bete oss som idioter

Häromveckan var jag med en konfirmandgrupp på gudstjänst hos Stadsmissionen. Jag minns i ärlighetens namn inte särskilt mycket av vad prästen sa den kvällen, men en mening fastnade och har hängt kvar i tankarna sedan dess. Det hon sa var - Kan inte vi människor bara sluta bete oss som idioter och vara snälla mot varandra.

Det borde vara en självklarhet att vara snäll, men så inte. Inte alls. Det finns många exempel på att det är betydligt svårare att vara snäll än man först tror. Både för enskilda personer och i ett större perspektiv. Om vi börjar i det stora perspektivet ser vi tydligt hur vi i den rika delen av världen lever med en standard som många människor från fattigare länder inte ens kan komma i närheten av. De flesta av oss inser möjligen att det är ohållbart att fortsätta så, men att ta konsekvensen av den insikten och förändra sitt sätt att leva är det få av oss som är beredda att göra. Samtidigt kommer ju ingen att klara sig om jorden går under. Krig är ett annat exempel. Just nu kan vi tydligare än på länge se vad krig får för konsekvenser. Det drabbar såklart hela länder och folk, men också på individnivå visar krig på så mycket ondska och lidande att det är svårt att ens ta in i sitt medvetande. Där är det vi som känner oss både maktlösa och frustrerade.

Men inte ens i våra nära relationer är det en självklarhet att vara snäll. Misshandel och övergrepp sker oftast av någon man redan känner och inte sällan av någon man lever tillsammans med. Mobbing och trakasserier sker dagligen på både skolor och arbetsplatser. Det behöver inte vara så systematiskt, det kan också vara så att vi skaffar oss fördelar för oss själva, och väljer att blunda för att det sker på någon annans bekostnad. Vi människor tycks helt enkelt inte vara så bra på att vara snälla mot varandra. Vi skulle behöva bli lite mindre idiotiska.

Att komma till rätta med de sociala orättvisorna i världen eller att se till att det blir fred på jorden kan ju tyckas orimligt att åstadkomma på egen hand. Däremot kan vi börja med att ta ansvar det vi själva gör. Jag tror att vi skulle komma långt bara genom att tänka ett varv till över hur det vi gör påverkar andra. Det är också möjligt att stå upp och säga ifrån när vi ser att någon annan blir illa behandlad. Det kan i och för sig bli rätt obekvämt i stunden, just när vi gör det, men jag tänker att det är ett rimligt pris att betala för att världen ska bli snällare. Sedan kan vi ta det ytterligare ett steg. Istället för att bara låta bli att vara en idiot, kan man aktivt göra snälla saker. Jag tror att det gör skillnad – också för oss själva. Det behöver inte vara några enorma insatser. Om man sätter sig ner och pratar en stund med den som alltid sitter ensam kanske man får en ny vän på köpet. Om man erbjuder sig att hjälpa någon som behöver det kan det hända att man får det erbjudandet i retur när man själv inte orkar eller förmår.

Jag tror att både idioti och snällhet är smittsamt. Jag tror att de sprider sig både mer och snabbare än vi kan föreställa oss. Livet är visserligen inte svart eller vitt, och allt är inte självklart – men jag tänker ändå att det är värt att försöka vara mindre idiot och mer snäll. För allas skull!

"Den godhjärtade gör sig själv gott, den som är hård skadar sig själv".

Ordspråksboken, kapitel 11, vers 17

Vad kostar egentligen lycka?

Jag fick sällskap av en gammal man på tåget häromsistens. När han slagit sig ner på platsen bredvid mig vinkade han ivrigt till två kvinnor på perrongen. Sedan vände han sig om och berättade för mig att det var hans dotter och barnbarn och att han hade varit och besökt sitt föräldrahem. Föräldrahemmet var numera var familjens sommarställe och han hade varit där för första gången sedan pandemin bröt ut. Efter det var samtalet i gång.

Vi pratade på om stort och smått; det rörde sig om alltifrån det kommande valet till hustrun som dött i cancer alldeles för tidigt, från kriget i Ukraina till hur vackert Sverige är, i synnerhet på sommaren. Samtalet var inte alls så där trevande som det kan vara när man träffar någon för första gången, utan det flöt på som om vi var gamla vänner som inte setts på länge. Efter en stund så lutade han sig lite närmare, log varmt och sa att det var så roligt att få prata med någon på riktigt, någon som lyssnade och förstod och att han annars ägnat hela resan åt sin Ipad. Utan att riktigt veta varför frågade jag vad han brukade använda Ipaden till och han berättade att han brukade ägna minst ett par timmar om dagen åt att läsa alla nyheter som han kunde hitta och ”så håller jag koll på mina aktier såklart!”. Samtalet fortsatte och vi pratade om barn som låtit vänta på sig, men var enormt efterlängtade när de väl kom till världen och om familjemedlemmar som inte längre var i livet. Det blev lite djupare och lite mer personligt.

Efter en stund var jag tvungen att gå på toaletten. När jag kom tillbaka berättade han nöjt att han hade kollat dagens aktiekurser. Han nämnde obekymrat att han förlorat en miljon sedan dagen innan, men utgick från att han få tillbaka dem nästa dag. Jag lyckades inte riktigt hålla masken utan var tvungen att plocka upp hakan någonstans i nivå med knäna. Jag kunde helt enkelt inte låta bli att fråga hur mycket aktiekapital han faktiskt hade. Han drog lite på svaret, och svarade sedan lite svävande att det nog var runt en halv miljard kronor. Tanken att han skulle kunna köpa lägenheten jag tittat på tidigare under dagen utan att knappt märka att pengarna var borta for genom mitt huvud. Jag hann knappt tänka den färdigt, för i nästa andetag pratade han i stället om hur mycket han älskade rökt makrill.

Vi fortsatte prata tills det var dags att gå av tåget och ingen av oss nämnde pengar igen. Strax innan det var dags att kliva av tog han min hand, höll den länge, log och gav mig en puss på kinden. Sedan talade han igen om hur fantastiskt det var att få prata med någon en stund, att han var så lycklig att vi träffats. När vi skilts åt insåg jag att vi aldrig presenterat oss för varandra och troligen aldrig kommer att träffas igen. Jag insåg också att även om man har en förmögenhet på banken så kan lycka ändå vara något som är helt gratis. Det kan till exempel vara att samtala med en annan människa på riktigt.

"Vad hjälper det en människa om hon vinner hela världen men måste betala med sitt liv? Med vad ska hon köpa tillbaka sitt liv?"

Matteusevangeliet, kapitel 16, vers 26

Det var sjukdomen som tog hans liv

"Det var inte han som tog sitt liv, det var sjukdomen. Han älskade livet." Kvinnan bredvid mig är väldigt bestämd när vi träffas för att planera begravningen. Det märks hur viktigt det är för henne. Vi pratar om mörkret som tog över mer och mer. Hur han kämpade emot länge, men till slut inte orkade mer. Inom mig pockar ett minne på uppmärksamhet. Minnet av en man som försökte ta in att hans hustru och mamman till deras fem barn inte längre levde. Jag minns hur han spände ögonen i mig, ögon blanka av tårar, och sa: "Kan du förstå hur stort hennes mörker var, om inte ens kärleken från fem barn förmådde skingra det".

Nej, jag kunde inte förstå. Jag hade träffat henne bara någon vecka tidigare och slagits av hur vacker hon var. Hur mycket värme hon utstrålade. Jag kan fortfarande inte förstå helt och fullt, men jag kan ana vad det handlar om. Jag har själv legat på köksgolvet i fosterställning medan panikångesten slitit i min kropp och tårarna runnit okontrollerat. Jag har suttit på en stubbe i skogen fullständigt övertygad att ingen skulle sakna mig om jag inte kom tillbaka, att det vore bättre för alla om jag dog.

När vi talar om fysisk sjukdom har vi inga problem att säga att det är sjukdomen som är orsaken till en människas död. Cancern tog hans liv. Kroppen svarade inte på behandlingen. Blodförgiftningen gjorde slut på henne. Läkarna gjorde allt de kunde, men medicinerna hjälpte inte. När det kommer till psykiska sjukdomar beter vi oss inte alls på samma sätt. Då ska en människa vara tacksam om hen får någon hjälp alls. Hantera mediciners alla biverkningar på egen hand. Då läggs ansvaret tillbaka på den sjuke. Hen valde att avsluta sitt liv. Hen var inte stark nog. Ofta skuldbelägger vi, säger att det är egoistiskt att avsluta sitt eget liv. Psykisk ohälsa är fortfarande sammankopplat med en lång rad tabun och fördomar. Psykvårdens resurser är allt för små och okunskapen allt för stor. Det finns så många människor som kämpar i det tysta. Som har försökt och vädjat om hjälp. Som har gråtit och skrikit utan att bli förstådda eller lyssnade på. Som i vissa fall inte ens har tagits på allvar. Psykisk ohälsa finns i alla åldrar och samhällsgrupper. Enligt folkhälsomyndigheten är det 10 procent av kvinnorna och 5 procent av männen i vuxen ålder lider av svåra besvär av oro, ängslan eller ångest. Allra vanligast är det bland personer under 30 år. Det måste vi våga prata om. Vi måste prata om det på en övergripande, allmän nivå – som det samhällsproblem det faktiskt är – men vi måste också våga prata med varandra.

Vi måste våga fråga varandra hur vi mår och stanna upp tillräckligt för att lyssna på svaret. Vi måste våga se vår granne, kollega, släkting, vän och inte vända bort blicken när vi misstänker att någon mår dåligt. Om vi stannar upp och lyssnar kanske vi kan minska stressen och oron i en annan människas liv. Om vi vågar vara där kanske vår närvaro kan dämpa ensamheten och ångesten hos någon. Om vi tar oss tid så kanske vårt stöd kan göra att en människa orkar be om hjälp eller kämpa ett tag till. Vi kommer aldrig kunna hjälpa alla, men vi kan alla göra skillnad för någon.

"Du är de förtrycktas Gud, du är de svagas hjälpare, de kraftlösas försvarare, de uppgivnas beskyddare, en räddare för dem som är utan hopp."

Judit, kapitel 9, vers 11

Jag kanske är naiv

Jag orkar knappt läsa eller se nyheter längre. Det är så mycket av det som händer i världen som skrämmer och oroar. Det är så mycket våld, lidande och katastrofer att det är svårt att ta in allt. Till det kommer ett allt högre tonläge och en allt hårdare retorik i debatten. Jag blir rädd på riktigt när jag hör hur många av våra politiker uttalar sig. Jag frågar mig hur långt det ska gå och vad man är beredd att offra för att få styra. Jag undrar vart medmänskligheten och empatin har tagit vägen. Klumpen i magen växer, men jag trotsar motståndet inom mig och läser ändå. Jag tänker att det är viktigt att försöka hålla koll på vad som händer och sker.

I första artikeln av FN:s deklaration för mänskliga rättigheter står det att *"Alla människor är födda fria och lika i värde och rättigheter. De har utrustats med förnuft och samvete och bör handla gentemot varandra i en anda av gemenskap."* Allt oftare kommer jag på mig själv att undra om vi har tappat både förnuft och samvete. Hur kommer det sig annars att vi så ofta gör skillnad på människor - inte för vad de gör eller inte gör, utan beroende på vad det står för nationalitet i deras pass, vilken religiös tro de har eller vem de älskar?

Jag kanske är naiv, men jag tror att de allra flesta människor, precis som jag, vill kunna försörja sig och göra rätt för sig, att de vill leva sina liv i trygghet tillsammans med sina nära och kära och se sina barn växa upp. Jag tror att det spelar roll, både i relationerna mellan enskilda personer och i samhället som helhet, om vi förmår att vara generösa och dela med oss av det vi har till varandra. Jag tror, trots allt som händer omkring oss, att det är bättre att stärka och uppmuntra människor än att förminska eller demonisera dem. Jag tänker att vi har allt att vi vinna på att inkludera i stället för att stänga ute. Jag ser både brister och svagheter i samhället, men jag väljer att tro på människors godhet. Jag väljer att göra det även om det är svårt ibland. Jag gör det för att jag är rädd för vad som händer om vi slutar se varandra som medmänniskor. Jag gör det för att alternativet vore att ge upp.

Jag kanske är naiv, men jag tror att om vi människor blir sedda så lär vi oss att se andra och att om vi blir respekterade så lär vi oss att respektera andra. Jag tror att tolerans går åt två håll och att om vi blir tagna i anspråk så kommer vi också att vilja bidra. Jag inser att det finns massor som vi behöver ta tag i och förändra, men jag tror att bästa sättet är att göra det tillsammans, om alla får möjlighet att vara med.

Jag kanske är naiv, men jag klamrar mig envist fast vid tron att en bättre värld är möjlig. Jag vägrar ge upp hoppet om att vi människor kan bättre än så här. Jag är helt övertygad om att kärlek gör skillnad.

”Stå inte i skuld till någon, utom i er kärlek till varandra. Ty den som älskar sin medmänniska har uppfyllt lagen.”

Romarbrevet, kapitel 13, vers 8

I katastroftankarnas tid

Jag har en bibelapp i min telefon. Den gör att jag rent bokstavligt har bibeln i fickan och det är onekligen rätt praktiskt för en präst. Dessutom får jag varje morgon en avisering med ett bibelord för just den dagen. En del av dem passerar rätt obemärkt förbi – men på sista tiden har det varit slående många som handlat om trygghet och tillit. För några dagar sedan handlade det om att vi människor gör planer, men att Guds vilja ändå sker. Så sent som i morse så läste jag om hur Gud vill ge oss frid, tillsammans med en uppmaning att inte oroa mig och inte tappa modet.

För mig, som lätt fastnar i mina egna katastroftankar och mardrömsscenarion, har det blivit välbehövliga påminnelser i en tid då mycket känns osäkert. Samtidigt märker jag att jag också blir en (rätt stor) smula provocerad. Jag tror att det som provocerar mig är en del av mig uppfattar de där verserna som att det går bra att sätta sig ner och vänta på att Gud ska fixa till allt utan att jag behöver göra något själv. Det tror jag verkligen inte på! Vissa dagar har jag fått ta ett par extra djupa andetag, tänka ett varv till och försöka komma på om de går att förstå orden på något annat sätt. Efter viss möda har jag landat i att de snarare ska ses som en påminnelse om att jag inte är ensam i allt som händer, att det finns någon som jag kan dela min oro och osäkerhet med. Kanske kan det till och med vara så att jag kan få lite andrum och inte behöva lägga all min energi på att hantera stress och katastroftankar.

När kungen talade vid öppnandet av den nya riksdagen pratade han om att vi står inför oroliga tider och hur beroende vi är av varandra i sådana tider, att vi kan och behöver hjälpas åt. Ensam är inte stark. Samma dag talade jag med en person som påminde mig om att det mesta ändå brukar lösa sig till slut – även om det inte alltid blir så som vi trott och tänkt. Hon påminde om att vi båda levt ett halvt sekel och hunnit vara med om ett och annat, men att när man ser i backspegeln så har vi ändå alltid klarat oss igenom det svåra och har tagit oss vidare. Vi lever fortfarande och har det på väldigt många sätt det väldigt bra.

Det är tungt att leva i katastroftankarnas tid och då är det bra att få bli påmind om att de inte varar för evigt eller att man inte är så ensam som det känns. Påminnelsen kan vara en bibelvers som dyker upp på telefonen, men kanske ännu hellre någon som kan se en i ögonen och säga att det kommer att ordna sig den här gången också. Någon att hålla i handen och slå följe med en bit på vägen. Rätt som det är så spricker det upp bland alla orosmoln och ljuset bryter igenom igen. Och även om ljuset inte tar bort allt det svåra, kan det hjälpa oss att se andra möjligheter. När molnen skingras blir det helt enkelt lättare att se hur vägen vidare ser ut. Och ensam är inte stark, ensam är mest bara ensam.

"Gud är vår tillflykt och vår styrka, en hjälp i nöden, som aldrig svikit."

Psaltaren, kapitel 46, vers 2

Att inte låta döden få sista ordet

En kyrkogård i allhelgonatid är något av det vackraste jag vet. Ljusen som brinner blir för mig ett trotsigt tecken på att vi människor inte är beredda att ge döden sista ordet. De hjälper oss att skingra åtminstone något av sorgens mörker i våra hjärtan. Kransar och blommor som lämnas blir tillsammans med våra tårar blir en kärleksförklaring till dem vi saknar. I Höga visan står det att kärleken är stark som döden. De orden är så viktiga för mig att jag tatuerat in dem på min vänstra överarm. De finns där som en ständig påminnelse om alla dem jag älskat och fortfarande älskar, oavsett var de är nu. Om man vill använda andra ord skulle man kunna säga att kärleken lever kvar även om döden tagit någon vi älskar ifrån oss. Den lever vidare även om människan själv inte är här. En kyrkogård i allahelgonatid är för mig en bild av tro, hopp och kärlek.

Döden är något av det mest definitiva vi människor kan föreställa oss. Ingen av oss kan med säkerhet veta vad som händer efter döden. Inte utifrån någon faktabaserad kunskap eller vetenskaplig grund i alla fall. Allt det vi tänker kring vad som händer när någon dör är grundat på just tro, hopp och kärlek. För egen skulle jag säga att det – i det här fallet - väger tyngre än såväl forskning som vetenskap. Det är grundat i mitt sätt att se på livet självt. En tro på att solen går upp varje morgon oavsett hur världen ser ut den dagen. Ett hopp om att snödropparna varje år utmanar vintern genom sin blotta existens. En kärlek som gör att det föds barn på jorden trots att vi inte vet om det kommer att finnas en jord tillräckligt länge för att de ska hinna växa upp. Vi människor är inte beredda att ge döden sista ordet.

Att tro och hoppas på något, att älska någon är att göra motstånd. Det handlar om att stå upp mot meningslöshet och tomhet. Det är inte alltid enkelt, för det är också att utsätta sig för risken att bli besviken, sårad eller lämnad. Och det kommer att hända.

Det kommer att komma tillfällen då livet inte blir som vi önskar. Det kommer att hända saker som får oss att tappa riktningen, då vi irrar bort oss och går vilse. Det kommer att komma perioder av tvivel och hopplöshet i våra liv. Orsakerna varierar, det kan vara något i vårt eget liv eller i världen runt omkring oss, oavsett orsak så kommer mörkret ibland kännas så kompakt att vi tvivlar på om vi någonsin kommer kunna se solen igen. Ibland orkar vi helt enkelt inte lyfta blicken. Det är också en del av att leva, av att vara människa.

Det är då vi behöver varandra som allra mest. Vi behöver någon annan som tror åt oss, när vi inte förmår göra det själva. Någon annan som hoppas åt oss, när vi tvivlar och tvekar. Någon annans kärlek som bär oss, när vi inte orkar mer. Ljusen på kyrkogården blir en påminnelse om att det finns Någon som är beredd att göra det. Någon som inte heller är beredd att ge döden sista ordet. Någon som redan har vunnit över döden. Det är vad jag tror och hoppas på

"Frid lämnar jag kvar åt er, min frid ger jag er. Jag ger er inte det som världen ger. Känn ingen oro och tappa inte modet."

Johannesevangeliet, kapitel 14, vers 27

Allt som tynger dig är inte ditt att bära

Det var en gråtrött morgon, någon dag i förra veckan. Jag hade sovit uselt och huvudvärken bultade bakom vänster öga. Jag scrollade igenom mitt Facebookflöde utan att egentligen se. Plötsligt var det en mening (tillsammans med den lilla tecknade figuren som hör till kontot Herregud & co) som stack ut och fick mig att stanna upp. Orden landade rätt i hjärtat. Det stod att "Allt som tynger dig är inte ditt att bära".

Jag är världsmästare i konsten att oroa mig för saker jag inte kan påverka. Både i stort och smått. Jag oroar mig över krig i världen och hur vi hanterar den pågående klimatkrisen. Hur dottern kommer att ha det på sin ridlektion och hur mycket räntorna kommer att stiga på lånet jag inte ens skrivit på än (och dessutom har gjort en noggrann och långsiktigt hållbar kalkyl på). Över att kroppen gör så ont, om någon kommer köpa det fula bordet jag lagt ut till försäljning på Blocket och hur julen ska bli. Så när jag såg det där inlägget var det som om hela jag förvandlades till en gigantisk suck av lättnad. "Allt som tynger mig är inte mitt att bära".

Jag utgår från att känslan av lättnad inte kommer vara för evigt. Jag skulle bli överraskad om en vana som funnits där så länge jag kan minnas försvann bara för att jag läst en enda kort mening, hur klok den än må vara. Det är alltså högst sannolikt att oron kommer att komma tillbaka, men samtidigt ger de där enkla orden mig hopp. De påminner om att man inte måste klara allting själv, att man kan och får lov att be om hjälp.

För om jag är världsmästare på att oroa mig så gäller motsatsen när det kommer till att be om hjälp. Rädslan för att vara till besvär lägger krokben och ställer till det för mig om och om igen. Jag försöker bli bättre både på att erkänna det för mig själv och att faktiskt be om hjälp när jag behöver det. Jag kämpar med att acceptera att jag inte klarar allt själv och inte orkar göra allt på egen hand. För innerst inne vet jag så klart att det som tynger blir lättare att bära om man hjälps åt. Här vill jag också vara tydligt med att jag inte har några som helst problem med att hjälpa någon annan. Det gör jag mer än gärna. Det är en självklarhet och jag tänker inte ens en sekund att det skulle göra dem till besvärliga människor. Jag vet att det är komplett ologiskt, men mitt annars någorlunda rationella jag lyckas inte greppa tanken att andra människor skulle kunna tycka att det är lika självklart att hjälpa mig, som det är för mig att hjälpa dem.

Kanske är det därför orden om att allt inte är mitt att bära berör mig så starkt. Det var som att de där enkla orden rent fysiskt lyfte något från mina axlar. Samtidigt så dök sista strofen från en dikt av Mary Olivers dikt som heter "I worried" upp i huvudet. Om jag skulle översätta den så låter den strofen ungefär så här: "Slutligen insåg jag, att min oro inte lett till nånting alls. Så jag släppte den. Och jag tog min gamla kropp ut i morgonljuset och sjöng."

"Kom till mig alla ni som är tyngda av bördor, jag ska skänka er vila."
Matteusevangeliet, kapitel 11, vers 28

Du är en av dom som skiner

Joakim Thåströms karriär är nästan lika lång som min totala livstid, men han blir aldrig passé. Han är på turné just nu och i helgen gör han tre slutsålda spelningar i Göteborg. När jag såg honom i våras på ett fullsatt Scandinavium, stod jag mitt framför honom, nästan allra längst fram vid kravallstaketet – och det kändes som att han sjöng direkt till mig. Både hans närvaro och utstrålning omslöt mig. Musiken och texterna landade rätt in i hjärtat. Han lyckas på ett förunderligt sätt fånga livets storhet i små detaljer. Han är precis som turnén och senaste albumet heter – en av ”Dom som skiner”.

I mitt jobb som präst träffar jag många människor som jag troligen aldrig skulle träffat annars. Jag får fantastiska livsöden berättade för mig. Jag skulle utan tvekan påstå att hos de allra flesta av dem jag träffar finns det något som skiner. Det är inte alltid man ser det direkt. Ibland krävs det att man tar sig tid att titta efter en extra gång eller skrapa lite mer på ytan innan det kommer fram. Det är dessutom långt ifrån säkert att det är de som utåt sett lyckats bäst som skiner mest. Tvärtom tycker jag ofta att det finns en extra lyskraft i dem som har eller har haft det tufft i livet. Precis som i Thåströms texter handlar det ofta om att se det stora i det lilla.

Jag är övertygad om att den där lyskraften finns i varje människa, men att vi har olika lätt både för att visa den hos oss själva och att se den i andra. Jag tycker det verkar som att den syns allra bäst när vi vågar dela det vi drömmer om och längtar efter med varandra. Det vi brinner för och önskar oss. Det vi tror på och hoppas på. När vi är sanna mot oss själva och vågar visa vilka vi verkligen är. Däremot blir svårare att se det som skiner när vi har mycket som tynger oss runt omkring. När vi oroar oss för vad andra ska tro och tycka. Det verkar som att det skyms av sådant som misstro och missmod, oro och osäkerhet, tvivel och tvekan. I en av mina favoritpsalmer handlar en av verserna om de murar vi människor ofta sätter upp i tron att de ska skydda oss, men i stället blir de till ett fängelse. Ett fängelse byggt av rädslans stenar. Om vi vågar skina så tror jag att det där fängelset kommer att falla som ett korthus. Om vi vågar låta andra skina kan rädslans stenar få en ny funktion. Vi kan använda dem till att bygga broar mellan oss. Broar som gör att vi kan se på varandra med nya ögon och mötas på riktigt.

Vår lyskraft ligger inte i att vi är perfekta. Det är inte för vi lyckas med allt vi företar oss som vi skiner. Tvärtom tänker jag att det är i sprickorna och skavankerna som ljuset sipprar fram. Ljuset finns där i våra drömmar och vårt hopp, när vi vågar försöka utan att veta hur det ska gå. Du – och jag – får vara dom som skiner. För varandra.

*"Och ändå är det
murar oss emellan,
och genom gallren ser
vi på varann.
Vårt fängelse är byggt
av rädslans stenar. Vår
fångdräkt är vårt eget
knutna jag.
Guds kärlek är som
stranden och som
gräset."*

*Svensk psalm 289,
vers 3*

Blytunga moln och en längtan efter att bli förstådd.

Jag satt i bilen och vindrutetorkarna dansade sin monotona dans framför ögonen på mig. Det var en av alla de där gråtunga, regniga dagarna som vi haft så många av på sista tiden. En sådan där dag när det knappt blivit ljust ute överhuvudtaget. Jag hade precis haft ett samtal där jag inte lyckats göra mig förstådd alls. Tvärtom kände jag att jag blivit rätt tillplattad. Dessutom hade jag kört fel två gånger på mindre än fem minuter för att jag skrivit in fel destination på Google maps, så min sinnesstämning var en perfekt match med vädret utanför. Jag tyckte orimligt synd om mig själv och var inte ens medveten om att jag hade bilradion på. Plötsligt fylldes bilen av Björn Afzelius karaktäristiska röst. ”Det sägs att ovan molnen är himlen alltid blå, men det kan va´ svårt att tro om man inte ser den”.

Jag såg ingen blå himmel just då, det kan jag garantera. Det låg långt bortom min förmåga i den stunden. De blytunga molnen, både på utsidan och insidan, var alldeles för kompakta. Orden från refrängen om att allting kan gå itu kändes mycket mer relevanta. På något sätt var det trots det strofen om den blå himlen som hängde kvar i tanken när låten tonade ut. Den lyckades till och med skapa en liten spricka i min blytunga sinnesstämning. Jag kände mig fortfarande lika missförstådd men jag lyckades i alla fall hitta fram dit jag skulle och utföra, åtminstone delvis, mitt ärende. Jag köpte dessutom choklad.

Om det var Afzelius eller chokladens förtjänst ska jag låta vara osagt, men jag var på aningen bättre humör på tillbakavägen. Efter några minuter gick dessutom det tidigare helt kompakta molntäcket utanför itu. Kanske inte i tusen bitar precis, men innan jag var framme hade jag faktiskt lyckats få se en liten glimt blå himmel. På något vis fick det mig att samla ihop mig. Jag tog upp tråden i det misslyckade samtalet och vi lyckades reda ut missförståndet från innan. Jag skulle vilja skriva att vi skildes i bästa samförstånd, att molnen sprack upp helt och solen tog över en klarblå himmel, men det hade inte varit sant. Om jag ska vara ärlig så skaver det där samtalet fortfarande lite grand inombords, men vi är i alla fall ense om att vi inte är överens och vi har förstått hur den andra menar. Det finns något att arbeta vidare ifrån. Så sanningen är väl snarast att det är rätt många moln som hänger kvar, men molntäcket är inte helt kompakt längre. Det finns nyanser i det grå och jag anar en svagt blå nyans mitt i alltihop. Det är nästan så att jag vågar börja hoppas på att det ska kunna dyka upp en gnutta solsken i den där sprickan så småningom.

Kanske är det inte alltid en total katastrof om något går itu ibland. Kanske hjälper det oss att byta perspektiv och få ett annat fokus. Kanske behöver vi rensa luften emellanåt. Inte för att det är särskilt roligt i stunden, men för att det gör att vi kan andas lite lättare efteråt. Kanske gör det att vi utvecklas och våra relationer fördjupas. Kanske är det så som Björn Afzelius sjunger att det alltid finns något bra i det som sker – och att vi ibland behöver se på livet med lite andra ögon.

”Kasta alla era bekymmer på honom (Gud) ty han sörjer för er.”

1 Petrusbrevet, kapitel 5, vers 7

Varför firar ni att en man blir dödad?

Varför firar ni att en man blir dödad? Frågan kom från en konfirmand när vi pratade om påsken. Det är en i högsta grad rimlig fråga. I alla fall om man inte ser till hela berättelsen. För är påskberättelsen ju ett drama i flera akter och innehåller lika mycket dramatik som valfri Netflixserie. Den är rent bokstavligt på liv och död. Den innehåller lojalitet och svek, vänskap och förräderi, sorg och smärta, men också ett helt orimligt lyckligt slut. Om det är något som saknas i jämförelsen med en nutida TV-serie är det väl en smula sex och romantik.

Jesus är den givna huvudpersonen och i början går allt som på räls. Folket jublar och är glada. De vill att Jesus ska bli kung. Det är frestande att i det läget tro att det är raka spåret mot ära och berömmelse för Jesus, men som vanligt när det går bra för någon så finns det andra som är avundsjuka och vill förstöra. Efter de inledande glädjescenerna blir det rätt stökigt. Jesus får ett riktigt bryt i templet. Han skriker och gormar, välter saker och vill kasta ut dem som tjänar pengar på människors önskan att be. Där pratar vi om helig vrede på riktigt. Samtidigt försöker de religiösa ledarna gång på gång sätta dit Jesus och hitta på någon anledning till att fängsla och döda honom. För det är inte bara marknadsstånden i templet Jesus vänder upp och ner på. Han ställer också människors, och framför allt makthavarnas, världsbild på ända. Han utmanar deras syn på livet, universum och allting. Jag anar att Jesus dessutom lyckades sticka hål på ett och annat uppblåst ego i det dåtida Jerusalem.

Status och popularitet vägde nämligen lätt i Jesu ögon. I stället lyfte Jesus fram dem som aldrig annars fick vara i centrum. Han gav hopp till dem som ansågs hopplösa och odugliga. Han hjälpte dem som blivit nedtryckta och undanknuffade på fötter igen. Hade Jesus kommit hit idag tror jag kanske att han hade valt att hänga med papperslösa flyktingar och hemlösa på bussterminalen, med skolans hackkycklingar som gömmer sig på toaletten i hopp om att komma undan sina mobbare. Jag tänker att han hade delat brödet med dem som inte har råd att ställa mat på bordet till sina barn och erbjudit en trygg famn till dem som är rädda för alla de våldsdåd som händer omkring oss. För det blev Jesus dödad. En av hans vänner valde, mot betalning såklart, att avslöja var Jesus fanns så att man kunde ta honom till fånga. Han dömdes till döden i en mycket märklig rättegång. Inte ens domaren själv ville kännas vid sitt eget domslut och när det är dags att verkställa domen så var de flesta vännerna lika bortblåsta som jubelropen. Några få vänner trotsade sin rädsla för att vara där. De såg Jesus dö och de såg också till att han blev begravd.

Där kunde berättelsen tagit slut. Det hade varit det logiska. Men allt i livet är inte logiskt och enligt min tro så är inte Jesus bara människa, han är också Gud. Han spred inte bara kärlek, han är Kärlek med stort K. En kärlek som delar ångesten och rädslan med den som är ensam. Gråter med den som sörjer. Lider med den som har ont. Skyddar den som är utsatt. Och inte minst – en kärlek som inte kan dö. Därför tror jag på en Gud som är med mig alla dagar, inte bara till livets slut utan till tidens slut. För kärlekens skull.

"Som en mor tröstar
sitt barn ska jag trösta er."
Jesaja, kapitel 66, vers 13

Vilka är hörnbitarna i livets pussel?

Jag har börjat pussla igen. I en app i min telefon. Det har den stora fördelen att man aldrig tappar några pusselbitar på golvet, som man sedan inte hittar eller råkar trampa på. Det blir heller aldrig så att hela köksbordet är belamrat när man ska äta. Det kan vara lite svårt att se ibland eftersom skärmen är så liten, men då kan man zooma in bilden. Jag tycker att det är något djupt tillfredsställande med att hitta bitar som passar ihop och se en vacker bild växa fram. Det hjälper mig att rensa hjärnan och att hålla jobbiga tankar i schack. Dessutom är det inte alls lika komplicerat som att få ihop livets pussel.

När jag börjar lägga ett nytt pussel letar jag först rätt på hörnbitarna. De har sin givna plats och det finns inga andra bitar som kan fylla den platsen. I livets pussel är hörnbitarna det som jag håller fast vid när det mesta känns osäkert och svajigt. Så här efter att ha levt drygt 50 år här på jorden så tror jag mig ha hittat mitt livs hörnbitar. Det kanske kommer att ändra sig med tiden, även jag har svårt att tänka mig det just nu. Efter hörnbitarna letar jag efter kantbitar. De ger en ram att förhålla sig till. De hjälper till att få grepp om helheten. Man får en känsla för hur pusslet kommer att se ut. I livets pussel är jag inte ens säker på om det finns kantbitar. Det kanske är så att det saknas några bitar eller så är det möjligen så att jag fått fatt i bitar som egentligen hör till ett annat pussel. Samtidigt tror jag att man behöver gå utanför ramarna och utmana sina egna gränser ibland. Och att det finns saker man behöver släppa och göra sig av med för att komma vidare. För att växa som människa, för att må bra och hitta sig själv.

Det smidiga med att pussla i telefonen är att jag hela tiden kan gå tillbaka till förlagan och se den färdiga bilden. Jag vet att varje bit har sin givna plats och att om jag bara har tillräckligt med tålamod så kommer jag lösa pusslet. Jag kommer att kunna få ihop bilden så att den blir hel. I livets pussel finns ingen förlaga. Det är som att jag skapar bilden samtidigt som jag pusslar. Hur får man ihop ständigt skjutsande av tonåring med en önskan att äta middag tillsammans eller egen träning? Hur lyckas man hinna med att sköta sitt jobb och samtidigt ta hand om sina relationer och sig själv? Hur ska man välja när pengarna inte räcker till både mat, hyra och kläder? Hur vet man vilka bitar man ska behålla och när det är dags att släppa något, lämna det bakom sig och gå vidare? Kan jag lära mig något av hur andra lägger sitt pussel eller ser den bild de försöker få ihop helt annorlunda ut än min egen?

Jag tycker ofta att livspusslandet går ganska bra – ett tag. Sedan händer det något som skakar om alla bitarna och jag får börja om. Ibland letar jag så ivrigt efter en viss bit att jag glömmer bort helheten. Andra gånger känns det som att någon gömmer bitar för mig. Den bästa lösningen jag kommit på hittills är att när det känns för komplicerat så försöker jag fokusera på och bygga vidare från de bitar jag trots allt fått ihop. Sedan är det tur att jag gillar att pussla.

"Be om råd från alla som är kloka, håll dig inte för god för det, ty alla råd är till nytta."

Tobits bok
Kapitel 4, vers 18

Kan man dö av brustet hjärta?

Kan man dö av brustet hjärta? Jag menar alltså inte brustet rent bokstavligt, som i när blodkärl och blodådror inte längre kan göra sitt jobb. Nej, jag tänker på det oändliga tomrum som uppstår inom en människa när det man burit i sitt hjärta plötsligt imploderar. När det bara finns spillror kvar av något som gett en kraft att leva; som skänkt glädje, hopp och trygghet. Jag tänker på den avgrundsdjupa smärtan man kan känna när något som man drömt om och längtat efter inte är möjligt, helt enkelt för att det inte längre existerar. Den rimliga frågan är nog egentligen inte om man kan dö av brustet hjärta, utan om man kan överleva. Om man kan lära sig att leva med sitt brustna hjärta.

Jag vet inte. Jag vet verkligen inte, men jag har sett otaliga bevis på människor som faktiskt lever vidare. De fortsätter leva trots att det utifrån sett verkar helt omöjligt. Människor som sett sin livskamrat och själsfrände dö, människor som tvingats stå vid sina barns gravar, människor som utsatts för de mest fasansfulla övergrepp, människor som sett sitt livs kärlek gå ut genom dörren för att inte komma tillbaka, människor som byggt en verklighet av sin största dröm för att senare se samma dröm raseras inför deras ögon, människor som kämpar med sjukdomar som sakta förgör deras kropp inifrån utan att veta om de någonsin kommer att bli friska igen.

De människorna finns mitt ibland oss. De står intill oss i självscanningen när vi handlat. De svettas också bland löpband och skivstänger på gymmet. De pusslar med tillvaron för få ihop jobb och skjutsande av barn till olika aktiviteter. De sitter bredvid oss på bussen. De är inte alldeles lätta att känna igen, för de allra flesta ser ut som människor gör mest. Även om hjärtat har brustit. Ibland kan man ana smärtan som en reflektion i en blick eller uppfatta en extra tyngd i någons steg. Kanske slår de lite extra hårt på boxsäcken eller sitter tystare än vanligt i lunchrummet. Kanske dricker de ett glas mer än de brukar eller säger nej lite oftare än annars till sådant de brukat tycka om att göra. Subtila tecken som är svåra att tyda. Utifrån kan vi inte veta säkert, vi kan bara ana.

I det läget tror jag inte det finns något som är viktigare än att vi vågar fråga hur det är. Visa att vi anat något och att vi bryr oss. Det är långt ifrån säkert att vi får något svar. Den vi frågar kanske varken kan eller vill berätta. Det betyder inte att omtanken är bortkastad eller meningslös. Även om det saknas ord kan vi alltid fråga om de vill ha någon att dricka en kopp kaffe med, som sitter bredvid i soffan en stund. Om de vill ha en hand att hålla i eller en axel att gråta mot. Eller som Sonja Aldén sjunger: "Jag ser du vill ge upp, men jag kan inte leva livet för dig. Nej, du måste leva det själv, men jag vill leva med dig" (Låten heter Jag ser).

Jag tror att själva vetskapen att det finns någon som ser vår smärta kan göra det möjligt att leva med ett brustet hjärta. Inte som något slags mentalt superlim som får alla bitar att hamna på rätt plats igen, utan snarare som någon sorts respirator. Något som gör det möjligt att fortsätta lite till, ett andetag i taget. En dag kanske man orkar samla ihop spillrorna och låta livet ta en ny riktning. Lite som när man ser maskrosorna blomma i det gamla koncentrationslägret i Sachsenhausen.

"Kom till mig, alla ni som är tyngda av bördor; jag skall skänka er vila."

Matteusevangeliet, kapitel 11, vers 28

Hur blev ditt liv som det är?

Jag har den senaste tiden funderat en hel del över vilka människor som påverkat mig genom livet. Det började som en uppgift på en utbildning jag går det här året. Det var inte så enkelt som man kan tro (om man ska vara helt ärlig så var det faktiskt skitsvårt). Dels har jag hunnit träffa rätt många människor under de år jag levt här på jorden, och dels var tiden som var avsatt för att återberätta för de andra kursdeltagarna begränsad. Trots svårigheterna så var det en rolig uppgift. Många varma minnen och fina människor dök upp i huvudet. Min familj. En och annan lärare från skolan. Ett helt sammanhang från tonårstiden i Kyrkans Ungdom. Människor jag mött i min prästtjänst. Vänner från olika tider och platser. Vissa träffar jag fortfarande, andra har jag tappat längs vägen. Vissa har jag umgåtts massor med, andra har jag bara träffat en enda gång. Den gemensamma nämnaren är att de på något sätt gjort avtryck i mitt liv och i mitt hjärta.

Parallellt med att jag höll på med den här uppgiften träffade jag en person som höll på med en liknande resa genom sitt liv. Fast med en helt annan ingång. Den personens mål var att ta tillbaka makten över livet och göra det till sitt igen. Att rensa bort dem som skadat och brutit ner. Att lägga andras och egna skuldkänslor, skammande och självförakt bakom sig. Att få gå bredvid och på nära håll se glittret återvända i hens ögon är något av det finaste jag varit med om i hela mitt liv. Det i kombination med en oväntad fråga från ett helt annat håll påminde mig om att det finns sårigheter och trasigheter också i mitt liv. Därför bestämde jag mig helt enkelt för att göra om min uppgift. Den här gången valde jag att leta i minnet efter sådant skadat och sårat mig och fundera på vilken påverkan de minnena och människorna haft. Den minnesresan var inte ett dugg mysig, men minst lika viktig som den första. Jag tvingades inse att vissa erfarenheter påverkat mitt liv långt efteråt. Att några gör det fortfarande.

Vi kan inte alltid välja hur våra liv blir. Vi kan inte styra över allt som händer. Både det vi önskat av hela vårt hjärta och det vi helst velat slippa påverkar oss. Det vi kan göra är att välja vad vi gör med våra erfarenheter. Jag är den förste att erkänna att det inte är lätt alla gånger, men det är viktigt. Det påverkar hur mycket makt vi ger andra människor över våra liv. Det spelar roll vilka röster vi väljer att lyssna på. Jonas Gardell har skrivit i någon av sina böcker att det finns en avgörande skillnad ifall vi låter kärleken eller rädslan styra våra val i livet. Jag tror att det är något av det svåraste som finns att låta kärleken styra, särskilt de gånger man farit illa. Jag tror att det är ett val man behöver göra om och om igen och påminna sig själv om. Det finns så mycket som vill ställa sig i vägen. Det är så lätt att rädslan tar överhanden, att den kontrollerar och förlamar oss, att den hindrar oss att leva det liv vi vill och längtar efter. Om vi trots allt vågar försöka att låta kärleken få sista ordet tror jag också att vi kan leva livet helt och fullt, trots de ärr och sår som vi får genom livet. Vi kan – men det kommer inte alltid vara enkelt.

"Måtte han i sin härlighets rikedom ge kraft och styrka åt er inre människa genom sin ande, så att Kristus genom tron kan bo i era hjärtan med kärlek."

Efesierbrevet, kapitel 3, vers 16-17

Det handlar alltid om perspektiv

Egentligen handlar allt om perspektiv. Perspektiv och fokus. Det blev glasklart för mig när jag var ute och fotograferade nyligen. Åt ena hållet gjorde det grå skymningsljuset att det mesta såg lite gråtrist ut och dessutom började det bli rätt svårt att urskilja några detaljer. Om jag i stället vände mig åt andra hållet och zoomade in solnedgången med kamerans teleobjektiv såg det ut som hela himlen brann. Det var ett storslaget skådespel. På himlen såklart, men ännu tydligare genom sökaren på min kamera. Jag lyckades dessutom zooma så att jag kunde urskilja konturerna av Carlstens fästning på Marstrand. När jag tittade med blotta ögat var den knappt ens en liten prick.

Jag tänker att det egentligen är samma sak med livet; att allt handlar om vilket perspektiv vi väljer och vad vi fokuserar på. Där behövs vidvinkellinsen. Den är nödvändig för att se brett och bortanför sin vanliga horisont. För att ta in andra perspektiv än sitt eget. Tänka stort och utmana sina föreställningar och fördomar. Ibland kan den hjälpa en att hitta samband en inte sett tidigare eller få en att förstå att saker och ting hänger ihop även om det inte verkar så till vid en första anblick. Men där behövs också förmågan att zooma in detaljer. Se sådant som en kanske missat annars. Väga in de små sakerna som trots allt har en avgörande påverkan på hur helheten blir.

Det finns dock (minst) en viktig skillnad. Ett fotografi är en ögonblicksbild. Den visar något hur ser ut i just den stunden. Ett fotografi gör aldrig anspråk på ett beskriva hela verkligheten. Inte ens om det är en panoramabild. Det är också fullt möjligt att zooma in en liten detalj och låta den vara det enda som syns. Betraktaren kan aldrig veta vad som hände utanför bilden och fotografen kan välja både perspektiv och fokus. I livet behöver vi på något vis hantera både vidvinklar och teleobjektiv samtidigt. Vi behöver se att små saker kan få stora konsekvenser. Och att stora övergripande beslut kan slå väldigt olika. För att ta ett konkret, och möjligen lite naivt, exempel så är det lätt att tänka att det inte spelar någon roll om jag kastar en glasspinne på gatan. Om däremot alla jordens drygt åtta miljarder människor skulle göra samma sak är det inte lika enkelt att bara rycka på axlarna och strunta i konsekvenserna. Om vi tar ett exempel utifrån det omvända perspektivet så såg jag ett förslag i våras att några politiker i Region Uppsala föreslog att det borde införas en avgift på 400 kr för att åka ambulans. De flesta av oss tänker kanske att det är en överkomlig summa. Det är ju trots allt inte så ofta en behöver åka ambulans. Men vad händer om vi zoomar in och ställer oss frågan hur ett sådant beslut skulle slå mot de som redan lever på marginalen. Kommer det då finnas personer som avstår att ringa efter ambulans, även när de behöver det, för att de inte har råd att betala?

Det här är bara två exempel. Det skulle lätt gå att lista många fler men min poäng är att vi behöver komma ihåg att något som för mig bara är en liten struntsak, som jag knappt lägger märke till, för någon annan kan vara livsavgörande. Vi behöver påminna varandra om att det alltid finns fler perspektiv än vårt eget, att världen inte är svartvitt och att vi människor har olika förutsättningar – men hör ändå ihop och vi har bara den här världen att leva i.

Ett liv värt att leva

Det är märkligt hur en både kan ta livet för självklart och samtidigt tycka att faktiskt leva är något av det svåraste som finns. Är det ens möjligt att de två påståendena kan existera samtidigt. Jag tror det, för å ena sidan tar jag för givet när jag släcker lampan på kvällen att kroppen kommer att fortsätta fungera medan jag sover, att jag kommer att vakna igen och livet fortsätta. Jag sparar dessutom till min pension varje månad, fullständigt övertygad om att jag kommer att leva så länge och att jag kommer att behöva de pengarna bättre då än jag gör nu. Och som om det inte var nog – när det behövs sätter jag mig utan att vara det minsta orolig i ett flygplan, utan att kunna något alls om flygplan eller veta något om vem som flyger planet. Sedan finns det dagar när bara tanken på att ta mig ur sängen känns minst lika oöverstiglig som att bestiga Mount Everest. Jag vet inte hur jag ska kunna få på mig mina kläder. Dagar när kroppen värker och det som jag tänkt göra känns lika delar omöjligt som onödigt. Det finns också dagar när jag inser att de senaste veckorna bara passerat förbi och jag kan inte för mitt liv minnas vad jag gjorde i förrgår. De dagarna är nästan ännu värre.

Det är som att jag på samma gång tar det för givet att jag ska få leva många år till och om och om igen ifrågasätter vad jag gör med de dagar jag får. En låt med Ulrik Munther letar sig långsamt fram i medvetandet – Munther sjunger att han vill leva ett liv värt att dö för, men att han vet inte hur en gör. Kanske är det därför som det känns så svårt ibland, för att jag helt enkelt inte vet riktigt hur en gör. Jag kämpar hela tiden med att få ihop måsten och borden med längtan och lust. Att kombinera det som är nödvändigt för att få vardagen att fungera med det som är nödvändigt för att det som finns på insidan inte ska förtvina eller slockna. För att både kropp och själ ska få sitt helt enkelt. Rent logiskt inser jag att om jag inte gör det där vardagliga; som att handla middagsmat, betala mina räkningar, städa badrummet och annat som jag egentligen tycker är dödens tråkigt; så skulle jag inte heller ha möjlighet att göra det som jag tycker är viktigt och meningsfullt. Av den enkla anledningen att jag inte skulle överleva. Jag tror att alla kan hålla med om att det inte är att betala räkningar som är meningen med livet, men vad är det då i stället? Det är förstås olika för olika människor. För mig handlar det kort och gott om – och här tar jag risken att framstå som både klyschig och pretentiös - att försöka göra världen bättre, inte bara för mig själv utan också för andra.

"Låt oss ge akt på varandra och sporra varandra till kärlek och goda gärningar."
Hebreerbrevet, kapitel 10, vers 24

För mig handlar det om att bevara tron på det goda och protestera mot orättvisor, att sprida hopp och kämpa mot uppgivenhet, att se på världen och mina medmänniskor med kärlek och låta det styra mina livsval. Det är inte alltid så enkelt och eftersom jag likt Munther inte riktigt vet hur en gör så kommer jag garanterat att misslyckas. Om och om igen. Allt annat är orimligt. Men när det händer får jag väl rikta de där kärleksfulla glasögonen mot mig själv en stund. Vetskapen om att jag verkligen har försökt kommer att räcka för att jag ska se det som ett liv värt att leva. Det är jag också beredd att dö för.

Kan två sanningar rymmas i ett hjärta?

När jag blir rädd så vill jag alltid veta mer om det jag är rädd för. I början av pandemin läste jag allt jag kom över om Covid 19. När kriget i Ukraina bröt ut följde jag fler nyhetssidor än någonsin och jag uppdaterade dem så ofta jag kunde. Inför valet förra hösten jagade jag ständigt nya opinionsmätningar, som om det skulle kunna ge mig någon slags trygghet inför det slutgiltiga valresultatet. I höst har det handlat om allt det som händer i Israel och Palestina. Det är i sig inget fel med att vilja veta mer, men i mitt fall fortsätter jag trots jag det inte gör mig vare sig lugnare eller gladare. Det är snarare tvärtom, att jag blir ännu mer nedstämd och uppgiven.

Därför blev jag väldigt överraskad när jag förra veckan ramlade över en mening som lyckades lysa upp mitt dystra sinne. Mitt i en av alla otaliga artiklar stod det, och det lyste som att det var skrivet med eldskrift, att vi måste kunna låta ”två sanningar rymmas i ett hjärta”. Orden kom från en judisk rabbin som heter Hanan Schlesinger. Schlesinger arbetar numera med religionsdialog och för att israeler och palestinier ska kunna mötas och lära känna varandra. Så har det inte alltid varit. Trots att han bott i Israel sedan han var 20 år, så var han 55 år första gången samtalade med en palestinier som en jämlike. Det mötet, och en lång rad möten efter det, har fått honom att ompröva många av sina uppfattningar och värderingar. Han har tvingats inse att världen inte är svartvit, att det inte bara finns en sanning. Han har behövt hitta ett sätt att låta två sanningar rymmas i sitt hjärta.

Jag tänker att världen skulle se annorlunda om vi blir fler som försöker göra det. Om vi försöker göra det på riktigt alltså, för ibland har vi inga problem alls att acceptera att två till synes motsatta påståenden kan existera samtidigt. Till exempel är det få människor som på allvar har problem när någon påstår att både choklad och lakrits är gott. För egen del är jag helt övertygad om att min mamma älskar mig över allt annat, men jag tvivlar inte ett ögonblick på att hon också älskar min bror över allt annat. Om vi vågar tänka utan för den personliga sfären så går det till exempel att fortsätta tro på demokrati och demokratiska val oavsett vad en tycker om det senaste valresultatet eller den sittande regeringen. Det är till och med möjligt att inse att det finns både offer och förövare på båda sidor i ett krig. För världen är inte svartvit.

Det är på ett vis svårare att leva i en sådan värld, mer komplext. Det kräver mer av oss som människor när vi behöver göra utrymme för två sanningar samtidigt och för att kunna tänka två tankar parallellt. I en sådan värld går det inte att dela upp människor i vi och dem. I en sådan värld behöver vi alla vara med och ta ansvar. Det går inte att bara skylla på "de andra". I en sådan värld kan man känna med och för andra även om man själv har det svårt. Men jag tror också att det blir en bättre värld. En medmänskligare värld. En mer hoppfull värld. Och om inte annat så kommer Rabbi Schlesingers ord lysa tillsammans med det första adventsljuset hemma hos mig och i mitt hjärta den här helgen.

"Därför finns det inget försvar för dig som dömer, vem du än är. Ty med din dom över andra dömer du dig själv, eftersom du handlar likadant som den du dömer."
Romarbrevet, kapitel 2, vers 1

Har Gud tagit semester – några tankar om sorg, smärta och död

I Allhelgonatid tänker vi ofta lite extra på dem av våra nära och kära som inte längre är kvar här på jorden. Många av oss besöker gravar och kyrkogårdar, vi tänder ljus och gör lite extra fint. Andra av oss kanske ställer fram ett foto och tänder ett ljus där hemma, ägnar en stund åt minnena och saknaden. Det vi gör blir som en kärleksförklaring till dem som befinner sig på andra sidan döden. Jag tycker att det finns också något oändligt hoppfullt i alla ljus som brinner på kyrkogårdarna. Det är dessutom otroligt vackert och lyser upp höstmörkret.

I år känns behovet av hopp och ljus större än på länge. Döden känns så nära. Även om jag inte personligen drabbats nyligen, så är den ändå brutalt påtaglig och verklig. Vi påminns ständigt genom alla skjutningar och sprängningar. I nyhetsflöden som svämmar över av krigsrapportering. I bilder av blodiga, sotiga barn bland ruiner av hus som skadats av bomber och raketattacker. I människors förtvivlade ögon när de vädjar om att få hem sina familjemedlemmar som kidnappats och förts bort. Det är som att deras smärta kryper under huden på mig. Som att deras sorg och förtvivlan förlamar mig. Jag funderar på om vännen som skrev och frågade om Gud har tagit semester har rätt.

Men mitt i känslan av uppgivenhet och förlamning så dyker psalmens ord om Gud som ett fruset barn på ett jordgolv, en flykting som kommer över bergen upp i huvudet (psalm 717, Innan gryningen). De hänger kvar och letar sig vidare för att landa i det sörjande hjärtat. Fortsättningen om att Gud följer oss dit ingen annan når utmanar mig att försöka vidga såväl tankar som känslor. Så nej, Gud har nog inte tagit semester. I stället vill jag försöka våga tro att Gud är där mitt i smärtan och sorgen. Att Gud är hos varje människa som lider och har det svårt. Att Gud inte flyr bort utan går bredvid den som tvingas lämna allt. Att Gud sätter sig nära intill och sträcker ut en hand mot den som hålls fången. Att Gud öppnar sin famn för den som håller på att förgås av oro. Jag vill också våga tro att Gud inte väjer undan när vi förblindas av hat och raseri utan väljer att vara nära och erbjuder en trygg famn också då. Att Guds tårar blandas med våra egna när vi sörjer en annan människa.

För mig blir ljusen på kyrkogården ett tecken på att mörkret inte kommer att få sista ordet. En trotsig symbol om att det finns något mer än det vi känner till just nu. Även om livet aldrig kommer att bli det samma som det en gång var så fortsätter det på något vis, mot alla odds. Ljusen blir också en symbol för att kärleken till en människa kan leva vidare även om människan själv inte längre är kvar. Kärleken är stark som döden står det i Bibeln, ord som jag också tatuerat in på min överarm för att aldrig glömma det. Kärleken är stark som döden, ja jag tror till och med att den är starkare. Allt det där och mycket mer ser jag i ljusens fladdrande lågor, både de som brinner på kyrkogården och de som står hemma på köksbordet.

"Kärleken är stark som döden."

Höga Visan, kapitel 8, vers 6

Livet är inte rättvist – klyscha eller sanning?

Livet är inte rättvist. Det är på samma gång en av de största klyschor och en av de mest sanna saker om livet som jag känner till. För livet är inte rättvist. Däremot hjälper det inte ett dugg att någon talar om det för en när orättvisorna väl drabbar en. Ingen kan påstå att det finns någon rättvisa i att jag kan sitta i mitt trygga hem, med värme i elementen och el i ledningarna, ett kylskåp fyllt med mat och vatten i kranen medan en annan människa tvingas se på ruinerna av sitt sönderbombade hus och varken har mat, vatten eller trygghet att ge sina barn. Det finns heller ingen rättvisa i att jag kan komma och gå som jag vill vart jag vill, medan någon annan har tillfångatagits, förts bort utan att veta om hen kommer att bli dödad på fläcken eller någonsin kommer få lov att komma hem och träffa dem hen älskar igen. Det finns ingen rättvisa i att vissa människor svälter och saknar tak över huvudet, medan andra har fler hus än de kan räkna och köper mat för mer pengar på en vecka än de förra gör på en livstid. Det finns ingen rättvisa i vem som blir sjuk och vem som får vara frisk. Nej, livet är sannerligen inte rättvist.

Det finns många orättvisor vi inte rår över, och de allra flesta av oss har otaliga anledningar att vara tacksamma för de liv vi har även om vi inte fått allt vi önskat eller hoppats på. Sedan finns det annat som vi kan påverka och förändra. Jag är säker på att alla som kommer att läsa den här texten kan göra något för att göra världen lite mindre orättvis och bidra till att livet blir något bättre för en annan människa, om så bara för en stund. För även om livet i sig är orättvist, behöver inte världens orättvisor vara lika många och lika stora som de är idag. I ett konkret exempel från min egen (privilegierade) vardag så diskuterade jag bolåneräntor med banken härom veckan. Mannen jag pratade med lyssnade på allt jag hade att säga och svarade mycket artigt på mina frågor, sedan sänkte han de ränterabatter jag haft hittills och fastslog att jag hade behövt ha sparande på två, tre miljoner hos dem för att få den större rabatten igen. Jag tänkte i mitt stilla sinne att om ag haft så mycket pengar så hade jag inte behövt låna några pengar av dem från första början. Det kan man möjligen tänka olika om, men däremot är logiken i det resonemanget glasklar - nämligen att den som redan har mycket får mer. Så behöver det inte vara. Det är inte en naturlag som är huggen i sten. Det är något som går att förändra, även om det naturligtvis krävs mycket mer än en enda människas röst för att göra det.

"Visa varandra kärlek och barmhärtighet."
Sakarja, kapitel 7, vers 9

I kyrkan så här års närmar vi oss Domsöndagen och bibeltexterna vi läser handlar om hur det kommer att bli när Jesus kommer tillbaka. I de texterna står ingenting om att Jesus vill veta hur ofta vi gått i kyrkan, hur många bibelverser vi kan eller hur väl vi har predikat. Däremot står det i en av de mest kända texterna att Jesus frågar efter hur vi tagit hand om de minsta ibland oss. Han vill veta vad vi gjort för att hjälpa de som svälter och fryser, för de hemlösa och sjuka. Den texten spelar stor roll för mig när jag ser på världens orättvisor och jag önskar att den frågan kunde få vara viktig för många fler, oavsett vad man tror eller inte tror om Jesus. Då skulle livet i alla fall kunna bli mindre orättvist.

Om att odla potatis och göra skillnad

Jag har satt potatis. Jag har visserligen ingen trädgård, men jag har en pallkrage och antal krukor på terrassen. Varje år sätter jag några potatisar, lite kryddor och en tomatplanta eller två. Tack vare dottern finns det en del annat där också, men egenodlad färskpotatis och solvarma tomater är något av det mest somriga jag vet. Möjligen förivrade jag mig en smula den där helgen för några veckor sedan när det faktiskt var lite varmare ute; för varken tomatplantan eller basilikan som fick flytta ut till varsin kruka då lever längre, men potatisarna finns kvar. Eller det tror jag i alla fall, de ligger än så länge väl dolda i jorden. Jag tycker det är helt fantastiskt när man ser de där första bladen sticka upp ur marken, men redan innan det syns något ovan jord händer det massor med de där små potatisarna. De små groddarna växer där under marken och bildar något helt nytt. Har man tur kan det bli upp emot tio nya potatisar av en enda sättpotatis. Det är ett mirakel i mina ögon.

Jag tänker att sådant händer med människor också ibland. Ett litet frö, en tanke eller en idé som landar i våra hjärtan och slår rot. Var de kommer ifrån varierar; de kan komma från ett samtal med en annan människa, men också från en bok, en låt eller en film eller kanske något helt annat. Den gemensamma nämnaren är att när de börjar gro så händer det något inom oss. Det kan ta ett tag innan det syns på utsidan eller någon annan märker det, men inom oss växer något som gör skillnad. Kanske får det oss att testa något som vi drömt om länge, men inte riktigt vetat om vi vågar. Kanske får det oss att söka det där jobbet som vi hoppats på, men kanske inte trott att vi klarar av. Kanske får de oss att våga berätta om vad vi känner för en annan människa. Det är också en sorts mirakel tänker jag.

Guds rike kommer inte på ett sådant sätt att man kan se det med sina ögon. Ingen kan säga: Här är det, eller: Där är det. Nej, Guds rike är inom er."

Lukasevangeliet, kapitel 17, vers 20-21

Innan plantan rotat sig ordentligt vill vi kanske inte vill prata om den alls. Den kan behöva lite tid innan den är redo att möta en krass verklighet. Det kan också vara klokt att berätta om den för någon man litar på och känner sig trygg med först. Det kan ge extra näring och göra att den växer sig ännu lite starkare. Ibland kan vi också behöva lite hjälp med att gallra bland plantorna. Det är inte alla idéer som är lika fantastiska när de kommer ut i ljuset, som de verkade i vårt eget huvud. Men de som får växa vidare och som verkligen får fäste kan vi till slut inte dölja. De får oss att växa och utvecklas.

Jag tänker att det handlar om att låta sig bli berörd. Att våga lyssna till sitt inre och stå för det man tror på. Att ta sig själv och sina känslor på allvar. Det gör skillnad. I ditt liv, men också i världen i stort.

Snart är det jul igen – om sorg och sillsallad

Häromdagen var jag i affären för att handla middag och plötsligt stod jag framför en hel hylla med sillsallad. Genast ser jag framför mig hur pappa satt vid köksbordet och skar lök, potatis, rödbetor och sill med millimeterprecision. Jag har ingen aning om hur många saker min mamma hann fixa under tiden, men för pappa var det viktigt att bitarna blev lika stora. Det kunde ingen julstress i världen ändra på. Tårarna rinner längs kinderna när jag står där i affären, samtidigt som jag minns hur pappa gjorde sillsallad till jul när jag var liten. I dagarna är det tre år sedan min pappa dog och idag kom sorgen över mig igen. På ett sätt som det var längesedan den gjorde.

Det är svårt att förstå hur några burkar i en affär kan trigga i gång så mycket känslor. Jag är inte ens speciellt förtjust i sillsallad. Kanske är jag mer mottaglig på grund av julstress. Kanske blir det tydligare att pappa inte är längre är här eftersom vi alltid brukade ses till jul. Kanske är det för att det dök upp några gamla bilder på pappa i mitt Facebookflöde för inte så länge sedan. Jag vet inte och det spelar egentligen inte någon roll varför. Känslor kommer och går, utan att det finns någon logik eller rimlighet i det. Ibland beskrivs sorgen som randig. Beskrivningen används oftast om barn och deras sorg, men jag tycker att det passar även på vuxna. Det innebär helt enkelt att det kan finnas stunder då man känner sig glad, skrattar, skojar och mår bra fast man är i sorg. Det är inget märkligt med det, man orkar helt enkelt inte vara ledsen hela tiden. Sedan kan det vara till synes små saker som händer, som för mig när jag såg sillsalladen i affären, som gör att sorgen plötsligt kommer över en igen.

Det är inte heller märkligt. Det vi känner för en annan människa försvinner inte för att den människan dör, men med tiden blir ofta ränderna av glädje bredare och ränderna av gråt och smärta smalare. Till det kan det också komma andra ränder. Ränder av minnen. Ränder av tacksamhet. Ränderna går aldrig ur.

Det kommer bli jul i år också. Med eller utan sillsallad. I hjärtat kommer pappa vara med, oavsett hur det blir med allt annat. Det är han alltid, även om jag inte alltid tänker på det. Och skulle jag behöva gråta en skvätt någonstans mellan all julmat, julklappsspel, julgudstjänster och glöggdrickande så får det väl helt enkelt vara så. Det är inget farligt med att gråta. Tvärtom kan det vara skönt att låta det ledsna få komma ut. Det svåra är att hålla masken och stänga in sorgen inom oss. Då blir den lätt till en tung klump i magen eller ett obehagligt tryck över bröstet.

Julens stora mysterium handlar om att Gud väljer att bli som en av oss, liten och sårbar, för att hen vill vara med oss. Vi kan dela både vår glädje och tacksamhet som vår sorg och sårbarhet med Gud. Både till jul och alla andra dagar.

"Han tröstar oss i alla
våra svårigheter,
så att vi med den tröst
vi själva får av Gud
kan trösta var och en
som har det svårt."

2 Korinthierbrevet,
kapitel 1, vers 4

Att gå utanför sin "comfort zon"

Det var en kväll för ett par veckor sedan. Det hade varit en lång dag och det var samma kväll som jag kommit ut så jag var rätt slutkörd. Jag hade landat hemma i soffan en stund tidigare och hade redan ringt ett par samtal, trots att jag egentligen kände att jag inte orkade. Nu ville jag bara slappa lite tills det var dags att gå och lägga sig. Därför var jag nära att strunta i att kolla när meddelandet kom. Jag tänkte att det säkert kunde vänta.

Det gjorde jag såklart inte. Jag är alldeles för nyfiken för att kunna låta bli något sådant. När jag såg vem det var ifrån blev jag glad att jag inte väntat. Det var från en person som jag tänkt på mycket, men inte hört av på länge. Hon frågade om vi kunde ses och vi bestämde att hon skulle komma förbi jobbet nästa dag. Man kan säga att vår vänskap fick något av en chockstart för nästan ett år sedan, några intensiva dagar som var både fantastiska och gräsligt jobbiga och sedan har vi knappt setts. Jag har ofta tänkt att jag skulle höra av mig, men varit rädd att tränga mig på. Det visade sig att hon velat höra av sig men varit rädd att hon inte var välkommen, att jag inte skulle komma ihåg henne.

Hur skulle jag kunna glömma en så fantastisk människa? En person som varje dag kämpar för att kunna leva det liv hon vill leva. En person som inte vill något hellre än att bli sedd som en människa och som envist stretar emot när andra försöker definiera henne utifrån de svårigheter hon kämpar med. När vi sågs blev det både tårar och kramar, ord och tystnad, te och närhet om vartannat – och det slog mig på nytt hur himla modig hon är. Visst såg jag rädslan fladdra förbi i hennes ögon då och då, men där emellan lyste de lika starkt som de knallröda läpparna. Hon vågade höra av sig trots att hon var rädd att ha blivit bortglömd och inte ens visste om hon var välkommen. När rädslan tog tag i henne på nytt och hon mest av allt ville ringa och ställa in, tog hon sig igenom det också och kom ändå.

Vi är många som hellre avstår något än att utsätta oss för risken att bli sårade eller avvisade. Jag tror att vi missar mycket på grund av vår rädsla för att göra eller vara fel. Om det pågår länge tror jag till och med att det kan hända att vi tappar bort oss själva och det vi tror på. Därför är jag oändligt tacksam för att hon vågade höra av sig. Jag fick en välbehövlig påminnelse om det storslagna som kan hända när man vågar gå utanför sina egna rädslor, utanför sin ”comfort zon”. Och vad du än tror, var du än är - så har du alltid en plats i mitt hjärta.

”Frid lämnar jag kvar
åt er,
min frid ger jag er.
Jag ger er inte det
som världen ger.
Känn ingen oro och
tappa inte modet.”

Johannesevangeliet,
kapitel 14, vers 27

Tacksam att jag är född i Sverige

Nästa vecka är det Sveriges nationaldag, eller svenska flaggans dag som den också kallas ibland. Jag kan inte påstå att jag brukar fira nationaldagen något särskilt vis. Jag har inga speciella traditioner som återkommer, de tillfällen då jag setts vifta med svenska flaggan är lätträknade och i grund och botten är jag inte särskilt nationalistisk.

Däremot är jag tacksam för att jag fått växa upp och lever i ett land som Sverige. Inte för att vi är bättre än alla andra, inte för att allt här är perfekt – men för att det finns mycket i Sverige att vara stolt över. Jag är tacksam över att vara född i ett land där det är en självklarhet att alla barn går i skolan, både pojkar och flickor. Att det fanns en möjlighet för mig att läsa på universitetet trots att min familj aldrig skulle ha kunnat finansiera det. Jag tacksam över att få bo ett land där det fanns vård att få när min mamma fick cancer, a-kassa när min man förlorade sitt jobb och någon som tog hand om min pappa när han inte längre kunde bo kvar hemma.

Jag är tacksam för att ha växt upp ett land där var och en kunde uttrycka sin åsikt fritt utan att behöva vara rädd och där demokratiska val varit en självklarhet. Där det fanns en grundläggande tro på alla människors lika värde och en strävan mot ett alltmer jämlikt samhälle. Jag är tacksam över att ha växt upp i ett land där ord som solidaritet, mänskliga rättigheter och mångfald faktiskt betydde något, på riktigt. Där det förväntades att man stod för det man sa, tog ansvar för det man gjorde och visade respekt för andra människor. Jag har alltid trott på att vi tillsammans kan göra vårt land och vår värld till en bättre plats för alla.

För första gången i mitt liv så vet jag inte om jag kan tro det längre. Jag är rädd för det som händer omkring oss. Alltmer tycks handla om mig och mitt, snarare än oss och vårt. Världen blir allt mer uppdelad i vi och dem, och vi drar allt fler och skarpare gränser mellan människor. Den politiska debatten handlar alltmer om att smutskasta andra och allt mindre om vad man själv vill uppnå. Lögner tillåts bli sanning, för att någon påstår det. Allt fler tycks se vapen som den bästa, eller kanske till och med den enda, vägen att få sin vilja fram. Allt fler av oss tystnar av rädsla för hat och våld.

Jag är rädd, men vill ändå säga ifrån. Jag vill inte tystna. Jag vill tro att vi kan bättre. Jag vill tro att det går att förändra igen. Jag vill tro att det goda är starkare än det onda. Det kommer inte att bli lätt. Det kommer att kosta på. Men jag vill fortfarande tro att vi kan. Tillsammans.

"Människa du har fått veta vad det goda är, det enda Herren begär av dig är att du gör det rätta, lever i kärlek och troget håller dig till din Gud."

Mika, kapitel 6, vers 8

Jag vill vara lite mer som en tussilago

Jag sitter i bilen på väg hem. Olle Ljungström sjunger i min bilstereo. Det är en grå dag. Gråa moln på himlen utanför. Grå tankar i mitt huvud. Tankar som kretsar kring hur vi människor beter oss mot varandra. Tankar som skrämmer. Rädsla som känns ända ner i magen. Den senaste tidens nyhetsbilder fladdrar förbi för mitt inre. Jag ser barn som svälter, medan hela deras värld bombas till grus och människor som blir dödade för att de vill förändring. Jag ser en riksdagsledamot som trampar på demonstranters banderoller och maktfullkomliga män som sprider sina lögner, män vars livsluft är att sprida hat och rädsla. För ett ögonblick flammar ilskan upp inom mig. Ilskan över världens alla orättvisor. Ilskan försöker tränga undan rädslan, men lyckas inte riktigt. För vad kan jag göra åt all världens orättvisor? Eller ens de orättvisor som finns i min egen närhet? Istället kommer en flodvåg av sorg och av uppgivenhet. Den sköljer över mig och jag inser att jag gråter. Tårarna rinner ner för kinderna och jag känner mig ensammast i hela världen.

Där och då tränger Olles röst rätt igenom alla tankar och tårar. Jag har inte ens hört att han sjungit de senaste minuterna, men nu hör jag en enda enkel strof. En strof som tar sig förbi både rädsla, ilska och sorg för att slutligen landa i hjärtat. Han sjunger att ”man kan älska, trots att världen är som den är.” Det är så klart inte så enkelt att en sång kan trolla bort all världens orättvisor eller ens skingra alla grå tankar i mitt huvud, men den får mig att vakna till. Den får tankarna att ändra riktning. Den påminner om att det finns ett hopp. Vi kan älska. Du och jag. Den påminner om att kärleken är inte bara en rosenskimrande känsla som får oss att gå på fluffiga moln (även om den givetvis kan vara det också). Nej, kärleken är också en kraft som kan förflytta berg och dela på hav. En kraft som kan utmana både våld, hat och rädslor. En kraft som kan förändra världen.

Varje förändring börjar i det lilla. Den börjar med dig och mig. Varje sak vi gör av kärlek gör skillnad. För någon. Om vi går samman och hjälps åt så kommer det att märkas. För många. Goda gärningar sprids som ringar på vattnet. Om vi ser varandra som människor och låter medmänsklighet och empati, ja kärlek helt enkelt, styra våra ord och handlingar så finns det inte längre någon grogrund för hat och våld. När vi känner oss sedda och älskade kan våra rädslor rinna av oss som vårbäckars smältvatten.

Jag torkar bort de sista tårarna och det är då jag ser dem. De står där och lyser som solar längs en gråtrist vägren. Fler tussilagos än jag hinner räkna. Ett trotsigt tecken på att mörkret och kylan har fått ge vika. Jag kanske är naiv, men jag kommer på mig själv önska att vi människor vore mer som tussilagos. Att jag själv orkade vara mer som en tussilago. Jag kommer på mig själv med att önska att vi med vår blotta existens kunde påminna varandra om ljus och värme och sprida hopp. Att vi ska orka älska, trots att världen är som den är.

"Mitt bud är detta: att ni skall älska varandra så som jag har älskat er."
Johannesevangeliet, kapitel 15, vers 12